다시 읽은 고전

인문학자 김경집의 고전 새롭게 읽기 2

다시 읽은 고전

인문학자 김경집의 고전 새롭게 읽기 2

◉ 김경집 지음 ◉

학교도서관저널

머리말

읽을 때마다
새롭게 다가오는 책에 대하여

고전은 부담스럽다. 그 책이 지닌 시간의 더께와 권위가 그 부담을 가중시킨다. 그래서 읽기가 꺼려진다. 때로는 그 책의 권위에 의존하려는 지적 허영 때문에 읽는다. 그런 식으로 고전古典을 읽으며 고전苦戰을 자초한다. 하지만 고전은 내 지식을 자랑하기 위해 읽는 것이 아니라 대가의 시선을 통해 삶과 세상, 사람을 제대로 볼 수 있는 힘을 기르기 위해 읽는 것이다. 그러므로 고전은 고전高展으로 읽을 때 의미가 있다. 높은 공부를 한다는 뜻이다.

같은 책을 다시 읽는 것은 비생산적이다. 이미 알고 있는 내용을 굳이 다시 읽을 이유도 없다. 요즘 같이 책 읽지 않는 시대에, 하물며 고전을 다시 읽는다니! 책 안 읽어도 먹고사는 데 아무 지장도 없지 않은가. 예전에는 책을 읽어야 지식을 습득하고 그 지식이 권력이 되는 시대였지만, 지금은 인터넷이나 스마트폰으로 검색해도 언제 어디서나 무엇이든 찾을 수 있다. 책도, 고전도 다 고리타분하다.

하지만 책을 읽으면 긴 호흡으로 하나의 문제를 성찰하고, 그 과정에서 답을 찾거나 영감을 얻을 수 있다. 독서로만 얻을 수 있는 선물이랄까. 물론 책을 읽지 않아도 살 수 있지만, 스스로 판단하고 성찰하는 힘을 얻지 못하면 노예의 삶을 살기가 쉽다. 내가 스스로 읽고 해석하고 판단하는 능력을 기를 때 주체적 삶이 가능하다. 책 읽는 삶과 읽지 않는 삶은 시간이 흐를수록 달라질 수밖에 없다. 그리고 반드시 달라져야 한다. 그것이 이른바 실천이고 지행합일이다. 이 세상이 인간의 보편적 가치를 실현하는 방향으로 가기 위해서는 많은 사람들이 책을 읽고 동반자로 삼아야 한다. 수많은 책들 가운데 시간의 변화 속에서 퇴색하거나 변질되지 않고 오랫동안 그 가치를 인정받은 책이 고전이다. 그 고전도 시대에 따라, 나의 시간에 따라 다르게 읽힌다. 그것이 이 책을 쓴 이유다.

같은 책을 다시 읽는 이유는 단순히 지식 습득을 위해서가 아니다. 내 생각과 판단이 얼마나 변했는지 가늠하기 위해서이다. 처음에 읽었을 때와 나중에 다시 읽었을 때 그 해석과 이해가 달라진다면 내가 변화하거나 진화했기 때문이고, 또 다른 하나는 시대가 달라졌기 때문이다.

고전 독서에 관한 책을 처음에 구상할 때 3부작을 염두에 뒀다. 3년 전에 나온, 『고전, 어떻게 읽을까?』는 고전의 권위에 고분고분 순응하기보다는 나름대로 나의 시각으로 따지고 다르게 생각하고 해석해보는 도발을 꾀했다. 이 책은 그 두 번째 과정이다. 내가 청소년기, 청년기에 읽었던 고전을 시간이 지난 후에 다시 읽으면, 새롭고 때로는 전혀 다른 책으로 다가오는 경험을 많이 했다. 이런 경험을 독자 여러분과 나누고 싶어 글을 썼다. 이어서 나올 3부는 관점과 입장을 바꿔 다시 읽어보는 고전 이야기를 할 예정이다. 고전을 새롭게, 다르게 읽고자 하는 내 여정은 앞으로도 계속될 예정이다.

『다시 읽은 고전』은 단순히 반복해서 읽은 독서에 대해 말하는 책이 아니다. 이미 읽어서 알고 있는 것들을 다시 읽었을 때 다르게 읽히는 까닭이 무엇인지 자문해보면 의외로 많은 것들을 얻을 수 있다. 새로운 이해, 변화된 판단, 그리고 뜻하지 않은 영감 등이 고전을 다시 읽을 때 얻는 선물이다. 고전 다시 읽기를 통해 처음 그 책을 읽었을 때의 경험과 느낌을 반추해보는 것도 낭만적이고 의미 있는 일이다. 단순히 과거를 회상하거나 추억을 점검하는 것이 아니라, 그 책을 처음 읽었던 어릴 적의 나와 지금의 나는 어떤 점에서 일관성을 유지하고 있고, 어떤 점에서 변화하며 진화하고 있는지를 객관적인 시각으로 판단할 수 있다. 또 알게 모르게 개입된 선입견, 고정관념, 자의적 해석 등의 '불순물'을 제거하고 수정하는 정화의 기능도 수행한다. 다시 읽을 수 있는 고전이 있다는 것은 고마운 일이다.

책을 읽지 않는 시대에 책을, 그것도 예전에 읽었던 책을 다시 읽는다는 것은 시류에 대한 저항도 아니고 시대에 뒤떨어졌기 때문도 아니다. 책을 읽은 사람과 그렇지 않은 사람의 삶과 생각이 근원적으로 다르다는 것을 보여주고 싶기 때문이다. 섬세한 사유, 다양한 감성, 풍부한 공감의 능력이 책을 통해 길러진다. 그러한 진화가 '다시 읽은 고전'을 통해 이루어졌음을 보여주고 싶었는데, 효과적으로 실현되었는지는 모르겠다.

    캐나다의 유명한 소설가이자 토론토대학의 교수였던 로버트슨 데이비스는 이렇게 말했다. "훌륭한 건축물을 아침 햇살에 비춰보고 정오에 보고 달빛에도 비춰봐야 하듯이 진정으로 훌륭한 책은 유년기에 읽고 청년기에 다시 읽고 노년기에 또 다시 읽어야 한다." 내 경험에서 그런 책들을 엄선해 『다시 읽은 고전』에 소개하고자 했다. 읽어볼 때마다 새로운 눈이 열리는 삶, 이왕이면 그런 책을 읽고 그런 삶을 살면 좋지 않은가.

2019년 봄을 맞으며
지은이 김경집

차례

머리말 읽을 때마다 새롭게 다가오는 책에 대하여 … 4

1장 다시 읽은 문학

억압된 욕망이 폭발할 때 - 『지킬 박사와 하이드 씨』 … 13
손수건만 한 그늘에서 읽은 소설 - 「아홉 켤레의 구두로 남은 사내」 … 22
패배할 수 없는 인간의 처절한 사투 - 『노인과 바다』 … 32
끝이 없는 기다림의 시간 - 『고도를 기다리며』 … 42
절망의 시대에 마주한 마르케스 - 『백 년 동안의 고독』 … 51
자유의 인간, 조르바 - 『그리스인 조르바』 … 59
전설로 남은 현대소설의 정수 - 「무진기행」 … 68
일그러진 욕망의 초상 - 『위대한 개츠비』 … 79
그땐 미처 알지 못했던 감정들 - 『설국』 … 87
순수의 눈으로 목격한 차별의 풍경 - 『앵무새 죽이기』 … 96
미워할 수만은 없는 악당 - 『어느 정치적 인간의 초상』 … 104
시는 삶이고 세상이다 - 『거대한 일상』 … 115
봄 비 내리는 밤, 다시 읽는 두보 - 『두보시선』 … 124

2장 다시 읽은 인문

생의 마지막에 완성한 투쟁의 역사 - 『조선상고사』 … 133
새로운 축의 시대를 꿈꾸다 - 『축의 시대』 … 142
혁명가에게는 바이블, 통치자에게는 눈엣가시 - 『맹자』 … 151
중세는 암흑시대가 아니었다 - 『중세의 가을』 … 161
로마 공화정의 유산 - 『로마 공화정』 … 171
다산의 편지에 배어 있는 인품과 사상 - 『유배지에서 보낸 편지』 … 180
시대의 통증을 절감하라 - 『매천야록』 … 190
우리말의 아름다움을 일깨우다 - 『우리 문장 쓰기』 … 199
세상에서 가장 재미있는 과학책 - 『거의 모든 것의 역사』 … 208
삶과 자연이 익어가는 감응의 건축 - 『감응의 건축』 … 216
영혼이 울리는 감상을 해본 적이 있는가 - 『오주석의 한국의 美 특강』 … 226
감옥 밖에서 받아든 감동의 성찰 - 『감옥으로부터의 사색』 … 235
올바른 공부의 길잡이 - 『격몽요결』 … 245
참된 믿음이란 무엇인가 - 『디트리히 본회퍼』 … 255

찾아보기 … 264

1장 — 다시 읽은 문학

다시 읽은 고전

지킬 박사와 하이드 씨

로버트 루이스 스티븐슨 지음,
권진아 옮김, 시공사, 2015

루이스 스티븐슨의 환상 소설. 인간의 이중성을 다룬 작품이다. 선량하고 도덕적이며 모든 이들의 존경을 받는 지킬 박사. 그가 조금씩 이상하게 변해 갈 무렵, 런던 시내에서는 인간의 짓이라고 하기 힘든 끔찍한 사건이 연이어 벌어진다. 사건의 범인은 바로 하이드라는 왜소한 체격의 사내였다. 지킬의 친구 어턴슨은 전혀 무관해 보이는 지킬과 하이드의 관계를 의심한다. 어턴슨의 시선을 통해 이야기는 더욱 긴박하게 펼쳐진다. 현대인의 자아분열을 다룬 효시 격 작품으로 지킬 박사와 하이드가 같은 인물이라는 설정은 당대 영국인들의 마음을 단숨에 사로잡았다.

로버트 루이스 스티븐슨 Robert Louis Stevenson, 1850~1894

영국의 대표 소설가이자 시인. 1850년 스코틀랜드의 수도 에든버러에서 부유한 토목 기사의 아들로 태어났다. 대학에 입학할 무렵이 되자 가업을 이어받기 위해 공과대학에 입학하지만 적성에 맞지 않아 전공을 법학으로 바꾼다. 1875년 변호사 시험에 합격한 이후에는 본격적으로 여행과 글쓰기에만 몰두한다. 1883년에 출간한 『보물섬』으로 단숨에 인기 작가의 반열에 들어선 그는 1886년에 『납치』를 발표하고, 같은 해 발표한 『지킬 박사와 하이드』로 인간의 내면에 감추어진 선과 악을 깊이 있게 탐구한 작가라는 평을 받는다.

억압된 욕망이
폭발할 때

중학교 2학년 때 처음 『지킬 박사와 하이드 씨』를 읽었다. 책을 읽고 나서 조금은 짜릿하고 조금은 두려웠다. 한편으론 흥분되고 한편으론 역겨웠다. 하나의 인물이 전혀 다른 인물로 바뀌어 내면에 억눌린 욕망을 표출하는 것을 보고 짜릿함과 흥분을 느낀 동시에 내 안에도 그런 악의 모습이 내재되어 있을지도 모른다는 생각이 들면서 두려움과 역겨움을 느꼈던 것 같다. 사춘기 소년에게는 불편함을 가득 안겨준 소설이었다. 왜 불편함을 느꼈는지는 알고 싶지 않았다. 그걸 생각할 여유도 없이 충격이 너무 강렬했다.

1970년대에는 '삼중당'이나 '삼성문고' 등 학생들의 주머니 사정에 딱 맞게 저렴한 가격의 문고판 소설 시리즈가 있었다. 깨알 같은 글씨로 눈이 아팠지만, 글자에 대한 게걸스러운 욕망을 충족시키기에는 부족함이 없는 시리즈였다. 나는 당시 닥치는 대로 책을 읽었다. 난이도도 들쭉날쭉하고 분량도 천차만별인 그 시리즈에서 『지킬 박사와 하이드 씨』에 선뜻 손이 간 건 그 책이 상대적으로 얄팍했기 때문이다. 단편보다는 길고 짧은 중편소설에 가까운 분량이었지만, 내게는 톨스토이의 장편들보다 강렬한 기억을 선사했다.

늘 도덕적일 것을 요구받고 이성적인 사고를 해야 한다고 학습되는 시기, 하지만 내면에는 반항과 욕망이 꿈틀거리는 시기의 사춘기 소년에게 이 책이 준 파장은 거대했다.

흥분과 두려움으로 남은 소설

지킬 박사는 선량하고 사회에서 존경을 받는 인물이었다. 누구나 꿈꾸는 삶을 사는 사람. 하지만 늘 이성적으로 사고하고 높은 도덕성을 지닌 그에게 어찌 욕망이 없었겠는가. 그 욕망을 분출할 기회가 어느 날 우연히 찾아온다. 지킬 박사는 기묘한 약을 만들어냈는데, 그 약을 먹으면 완전히 다른 인격의 사람으로 변하는 약이었다. 자신조차 인식하지 못했던 욕망과 내면의 악이 그대로 드러나는 인물로 변하게 된다. 약을 먹고 또 다른 인격인 '하이드 씨'로 변한 지킬 박사는 힘없는 어린 여자아이를 짓밟고 살인을 저지른다. 그리고 집으로 와서 약을 마시면 다시 원래의 지킬 박사로 돌아올 수 있었다. 이 얼마나 짜릿한 일인가!

문제는 그렇게 맛본 쾌락이 스스로 통제할 수 없는 지경에 이른다는 것이었다. 지킬 박사는 자신이 하이드 씨가 되어 저지른 죄악을 알았지만, 이미 그것을 즐기고 있는 자신의 마음을 통제할 수는 없었다. (이 부분은 당시에는 보이지 않았다. 그게 보이고 중요한 의미를 갖는다는 걸 깨달은 것은 훨씬 나중의 일이다.) 소설에서 지킬은 점점 키가 작아지고, 하이드는 키가 커졌다. 이제 약을 먹지 않아도 지킬 박사는 하이드로 변하기도 했다. 통제를 벗어난 하이드의 악행은 막을 수가 없었다. 스스로 통제할 수 있을 때 적당히 욕망의 표출을 즐기고자 했던 지킬은 그것이 불가능함을 깨닫자 온전히 지킬 박사로만 살기로 결심한다. 지극히 이성적인 선택이었다. 그러나 이미 늦었다. 약이 떨어지고, 어렵게 약을 다시 구해서 먹어도 더 이상 지킬 박사로 돌아갈 수 없었다.

경찰이 하이드의 살인을 집요하게 추적하고 파고들자 지킬은 고민했다. 앞으로 의지와 상관없이 더 자주 하이드로 변하게 된다면 어찌할 것인가. 자신의 존재 자체가 악의 수렁으로 빠지고 있는 이 상황에서 어떤 선택을 해야 하는가. 지킬 박사는 경찰에게 체포되기 직전 스스로 목숨을 끊는다. 그가 할 수 있는 가장 합리적이고 유일한 선택이었다.

사춘기 시절에는 욕망이 강하지만 끝내 이성이 승리하는구나, 정도의 어설픈 생각으로 작품을 이해했다. 욕망을 이겨내는 것이 얼마나 어렵고 힘든 일이지 가늠하지 못하는 나이였으니 그 정도로 이해한 내가 스스로 자랑스럽기도 했다. 그리고 책을 다시 읽지 않았다. 인간의 이중적인 면모도 어렴풋이 이해했으니 굳이 다시 곱씹어 볼 필요는 없다고 생각했다.

산업혁명기의 시대정신을 발견하다

이 소설을 다시 읽게 된 건 스물 한두 살, 대학생 때였다. 당시 수강했던 서양사 강의에서 교수는 영국의 산업혁명을 설명하면서 그 소설을 함께 읽어보라고 추천했다. 대체 산업혁명과 그 소설이 무슨 상관이 있단 말인가. 의아함을 가지고 책을 다시 들었을 때 원제부터 심상치 않게 다가왔다. 『지킬 박사와 하이드 씨의 이상한 사례 The Strange Case of Dr. Jekyll and Mr. Hyde』. 무엇이 "이상한 사례 Strange Case"라는 걸까. 책장을 펼치니 도입부도 낯설게 느껴졌다. 중학생 때는 그저 줄거리 파악에만 급급했던 소설이 전혀 새롭게 느껴졌다.

소설은 어턴슨 변호사와 그의 친구 엔필드가 어떤 문을 지나면서 나누는 대화로 시작한다. 그들이 지나는 문과 관계 있는 한 사건에 관한 대화였다. 엔필드는 어느 날 새벽에 어떤 남자와 소녀가 부딪히는 장면을 목격했다. 이상한 것은 그 남자가 자신과 부딪혀 넘어진 소녀를 짓밟고 그냥 지나가 버리는 것이었다. 엔필드는 그 광경이 마치 "지옥과 같은 광경이었다"라고 말했다. 엔필드는 분노에 휩싸여 남자를 붙잡았고, 아이의 비명을 듣고 달려온 가족들도 분노했지만 유독 붙잡힌 그 남자만은 어떤 표정의 변화도 없었던 점도 이상했다. '하이드'라는 이름의 남자는 소녀의 부모에게 보상금을 지불하겠다며 어떤 문으로 들어가 사라지더니 다시 돌아와 수표를 건넸다. 그 수표에 적힌 이름은 하이드가 아니라 다른 사람의 이름이었다. 엔필드는 어턴슨에게 그 이름을 말하지 않았다. 그의 정체를 추적하여 폭로하는 것은 소설가 스티븐슨이다. 나는 스티븐슨을 따라가면서 왜 교수가 이 작품을 추천했는지 조금씩 이해할 수 있었다.

산업혁명은 인류 삶의 거의 모든 것을 바꾸어 놓았다. 인류 역사상 최초로 잉여(대량생산에 의한 잉여물이라는 점에 한해)를 만들었을 뿐만 아니라, 영주와 지주의 소작농이었던 평민들을 도시로 이주시켰다. 그들의 삶은 불안정했지만 '경제적 개인의 독립'을 제도적으로는 가능하게 했다. 프랑스혁명이 '정치 혁명'이라면 산업혁명은 '삶의 혁명'이었다. 소작농으로 살 때는 문맹이어도 괜찮았지만, 공장에서 일을 하려면 작업공정의 지침을 이해하기 위해 문해력이 필요했고, 대중교육이 시행되어 많은 이들이 글을 읽고 쓸 수 있게 되었다. 글을 통해 다양한 정보와 지식을 습득하면서 사고의 폭도 넓어졌다. 그리고 자본 축적의 기회가 생기면서 새로운 중산층이 출현했다.

세상이 변하고 삶의 내용이 바뀌면서 사람들의 사고와 태도도 변했다. 자본 권력을 소유한 이들은 그 힘으로 자신의 욕망도 채우고 싶어 했다. 이전까지 사회를 지배했던 도덕과 이성의 굴레에서 벗어나고 싶다는 욕망이 꿈틀거렸다. 그러나 아직 중세시대의 사고와 교회의 가르침에서 벗어나지 못한 이들에게 이성과 도덕, 욕망과 쾌락이 공존할 수는 없는 것이었다.

『지킬 박사와 하이드 씨』가 나온 1886년은 영국에서 산업혁명이 절정으로 치닫는 때였다. 이미 세상은 기존의 낡은 질서와 결별할 준비가 되어 있었다. 그러나 사회적 인식과 사람들의 의식은 그 변화를 따라가지 못하고 있었다. 스티븐슨은 여기에 주목해 억눌리고 잠들어 있던 욕망의 주체로 선 인간을 세상에 내놓았다. 그러나 욕망만의 주체는 감당할 수 없었다. 스티븐슨은 인간의 내면에 이성과 욕망이 공존하고 있지만 그것을 동시에 발현하는 것이 힘들다는 현실 인식도 하고 있었을 것이다. 따라서 가장 이성적이고 과학적인 주체인 지킬 박사가 '어떤 약'을 통해 내면의 욕망을 현실로 드러내는 '출구'를 찾았다. 이 출구는 산업혁명의 혜택으로 경제적 독립을 이룬 사람들에게 묘한 흥분을 선사했을 것이다. 스티븐슨은 이러한 사회적 분위기를 작품에 담은 동시에 빅토리아 시대의 위선과 타락도 은연중에 비판하고 있다. 겉으로는 점잖아 보이지만 속으로는 욕정 가득한 위선이 자리 잡은 당시 주류사회를 고발하려는 의도를 작품에서 분명하게 드러낸다. 또한 욕망을 억압하고 침묵을 강요하는 사회에 대한 저항이 행간에서 느껴진다.

즉 이 작품은 빅토리아 시대 영국인들 마음속에 있던 '이성의 문 뒤에 숨은 욕망'을 짚어낸 작품이다. '하이드'의 철자는 'Hyde'이지만 '숨다'라는 뜻의 'Hide'로도 읽을 수 있다는 점에서 상징적이다. 사회적 지위와 경제적 풍요를 획득한 지킬 박사는 마치 영국의 중산층을 대변하는 듯하다. 실제로 당시 영국의 중산층은 이 소설에 매우 열광했다고 한다.

당시로써는 파격적이라 할 수 있는 이 소설이 나온 배경에는 시대적 맥락도 작용하고 있다. 이성과 욕망은 서로 모순되거나 갈등하는 것이 당연한 시기였고, 종교적인 영향력도 아직은 작동하고 있었다. 이러한 시대적 맥락 속에서 스티븐슨의 소설이 탄생한 것이다.

프로이트로 다시 보는 지킬 박사와 하이드 씨

앞서 이야기했듯이 스티븐슨이 『지킬박사와 하이드 씨』를 내놓은 1886년은 욕망의 주체성을 인식했지만 그것의 독립성을 인정받기는 어려운 시기였다. 이성적이고 합리적인 인간이라는 존재 안에 욕망과 무절제의 존재가 동시에 존재할 수는 없다고 여겼다. 그래서 스티븐슨은 지킬 박사일 때는 하이드 씨가 존재하지 않고, 하이드 씨로 있을 때는 지킬 박사가 있을 수 없다는 '존재론적 이분법'을 사용할 수밖에 없었다. 만약 지킬과 하이드과 동시에 존재한다면 그것은 '자아 분열' 혹은 '다중인격'의 나락에 빠질 수밖에 없었다. 이 문제를 해결한 것이 바로 지그문트 프로이트의 『꿈의 해석』이다.

1899년에 나온 이 책에서 프로이트는 인간에게 의식의 세계만 존재하는 것이 아니라 잠재의식(흔히 '무의식'이라 부르는)이 있다는 것을 밝혔다. 그는 의식의 세계가 수면 위에 올라온 빙산의 일각일 뿐이며, 무의식의 세계는 엄청난 영토를 가졌다고 주장했다. 그러니까 프로이트에 따르면 우리의 내면에는 지킬 박사와 하이드 씨의 모습이 함께 존재할 수 있다는 것이다. 하이드는 충동적이고 사고하지 않는 '이드^{Id}'이고, 지킬은 사회적 양심과 의식을 지닌 '초자아^{Superego}'이다. (프로이트의 책은 1899년에 출간되었지만 간행연도는 1900년으로 표기되었다. 이 책이 20세기를 새롭게 열 것이라는 예언적 자신감이 느껴진다.) 프로이트는 19세기에 스티븐슨이 해결하지 못한 문제를 해결했다. 드디어 인간은 정치(프랑스혁명), 경제(산업혁명)의 해방과 더불어 인식의 해방을 누리게 된 것이다. 앞서 스티븐슨의 문제의식이 나오지 않았다면 불가능한 일이었다.

이 소설을 다시 읽으면서 당시의 런던 분위기를 잘 그려내는 동시에 매우 섬세한 상징 구조를 지니고 있다는 것도 새롭게 발견한 점이다. 비현실적인 도시의 풍경, 비밀스러운 문과 미로처럼 얽힌 거리는 하이드와 우리의 복잡한 내면을 상징하는 듯하다. 골목에 깔린 안개, 침침한 가스등은 희미하게 드러나기 시작하는 내면의 욕망처럼 보인다. 이런 것들이 나이 들어 다시 읽으면서 발견하는 즐거움 가운데 하나다.

그러니 가끔은 예전에 읽었던 책을 꺼내 다시 차분히 읽어보자. 새로운 책을 읽는 것과는 매우 다른 경험을 하게 될 것이다. 나이가 들고 생각이 자람에 따라 예전에는 미처 보지 못했던 것들이 보인다. 사춘기 시절에는 강렬한 진동으로 남은 소설이 대학생이 되고 성인이 되어서 보았을 때는 시대적 맥락과 의미가 보이는 것처럼, 나의 안목과 사유가 성장했음을 느낄 수 있을 것이다.

다시 읽은 고전

아홉 켤레의 구두로 남은 사내

윤흥길 지음,
문학과지성사, 1997

1977년, 〈창작과비평〉 여름호에 발표한 윤흥길의 중편소설. 소설 속의 화자는 학교 교사로서 오랜 셋방살이 끝에 집을 장만하고 방 한 칸을 세 놓는데, 한 노동자 가족이 세들어 온다. 소설은 이 노동자의 비극적 삶에 대한 관찰로 진행된다. 대학까지 나온 선량한 소시민인 그는 성남지구 택지개발이 시작될 무렵 철거민의 권리를 사서 들어왔으나, 당국의 불합리한 조치로 내 집 마련의 꿈이 좌절되자 이에 항거한다. 유순하지만 자존심 강한 그를 집주인은 연민의 눈으로 바라본다.

윤흥길[1942~]

1942년 12월 14일 전북 정읍 출생. 1973년 원광대학교 문리대 국문과를 졸업했다. 1968년 〈한국일보〉 신춘문예에 소설 「회색 면류관의 계절」이 당선하여 문단에 데뷔했다. 1973년에 발표한 「장마」라는 작품을 통해 문단의 주목을 받기 시작했고, 이후 산업화 과정에서 드러나는 노동계급의 소외와 갈등의 문제를 소설적으로 형상화한 일련의 작품을 발표한다. 「아홉 켤레의 구두로 남은 사내」(1977), 「직선과 곡선」(1977), 「창백한 중년」(1977) 등이 그것이다. 절도 있는 문체로 왜곡된 역사 현실과 삶의 부조리, 그리고 그것을 극복하려는 인간의 노력을 묘사하는 작품을 써왔다.

손수건만 한 그늘에서
읽은 소설

쉰이 넘으면서부터 친구들을 만나면 제 몸 하나 온전히 간수하고 있는 녀석이 별로 없다. 아직 큰 병치레는 없지만 여기저기 고장났다고 하소연들이다. 이제 환갑의 나이니 그렇기도 할 것이다. 백만 년 혹은 30만 년의 인류역사상 인간의 평균수명이 40세를 넘기기 시작한 것은 20세기부터였다고 하니 진화적 관점에서 볼 때 우리 몸은 기껏해야 대략 쉰 줄에 맞춰 유효기간을 얻었을 것이다.

다행히 예전에 비해 노동의 강도는 약해지고 식생활은 개선되었으며 위생과 의약이 발달한 덕분에 수명은 길어졌지만 애당초 주어진 몸의 유효기간이 바뀐 것은 아니다. 그런 몸의 형편에 닿자 젊은 친구들이 부러운 모양이다. 다시 젊어질 수만 있다면 어떤 대가라도 기꺼이 지불하겠다는 말도 거리낌 없다. 하지만 나는 친구들의 그런 바람에 찬물을 끼얹기 일쑤다.

나는 결코 어린 시절이나 청소년 시절로 돌아가고 싶은 마음이 없다. 적어도 이 나라에서는 그렇다. 꿈을 키우고 배움의 즐거움을 만끽하며 행복을 연습해야 할 시기에 경주마처럼 앞으로 달리도록 내몰리기만 하는 그 시기는 끔찍했다. 비민주적이고 비인격적인 어른과 교사들의 야만과 폭력성을 고스란히 받아들여야 했던 시기였다. 지금의 청소년들도 비슷한 상황이겠지만, 당시의 야만성은 상상을 초월한 것이었다.

그 시절 내 유일한 출구는 책이었다. 닥치는 대로 읽었다. 때론 무슨 말인지도 모르면서 읽은 책들도 많다. 니체의 『차라투스트라는 이렇게 말했다』는 읽는 내내 오락가락이었고, 조지프 콘래드의 『어둠의 심연』은 아직 영글지 않은 영혼을 강한 진동으로 뒤흔들었다. 중간고사, 기말고사가 끝나는 날 아무 부담 없이 한 권의 책을 읽는 즐거움은 짜릿한 것이었다.

열아홉의 나를 매혹했던 한국 소설들

고3 여름방학 때였다. 에어컨은커녕 선풍기도 없던 그때의 여름은 잔인했다. 방학이었지만 휴식은 사치였던 시절, 그래도 조금의 자투리 시간과 일탈이 허용되는 시기가 방학 아니던가. 그때 우연히 내 손에 〈창작과비평〉이라는 잡지가 들어왔다. 단편과 중편, 장편소설이 적절하게 담긴 잡지였다. 당시 나는 단편소설에 빠져 있었다. 시간의 제약이 있는 시기였기에, 단편소설의 짧은 분량과 압축적이고 은유적인 서술에 매료될 수밖에 없었다.

비평은 별로 끌리지 않아서 잡지에서 주로 소설을 찾아 읽었다. 그때 가장 끌렸던 작품이 바로 윤흥길의 「아홉 켤레의 구두로 남은 사내」였다. 아마 제목이 특이해서 그랬던 것 같다. 도대체 어떤 사내이기에 '아홉 켤레의 구두'로 남았단 말인가. 앉은 자리에서 한 호흡에 읽기 좋은 중편이었다.

나는 이내 그 소설에 빠져들었다. 선풍기도 없이 보내는 한여름, 온몸은 땀으로 덮이는데 눈길이 떨어지지 않았다. 너무 더워서 학교 뒷마당 한편의 나무 그늘 아래로 자리를 옮겨 읽었다. 예비고사와 본고사를 준비해야 했기에 공부할 게 많았지만 소설을 읽는 동안은 그런 고민 따위 얼씬도 하지 못했다. 아마도 그 일탈의 스릴을 즐겼는지도 모른다.

문학이 퇴락하는 시대는 불행하다. 아무리 지식의 형태와 미디어 방식이 변화한다 해도, 상상력과 사회적 공감 능력을 키우는 데 문학만 한 것이 있을까. 소설은 수많은 세상사를 남의 일이 아닌 내 일처럼 느끼며 읽어내는 만화경이다. 그러므로 문학은 세상의 등불이 되기도 하고, 삶을 더욱 농밀하게 만들어주는 종교이기도 하다. 개인적으로 내가 기억하는 범위 내에서 1970년대는 한국문학이 가장 활발하던 시기였다. 물론 내가 소설을 가장 많이 읽었던 시기가 그 즈음이었기에 그렇게 느끼는 것일 수도 있다.

1970년대에 빠져들었던 조세희, 한승원, 문순태, 이병주, 황석영, 최인호, 이문열, 김원일, 한수산, 이청준, 박범신, 박완서 등의 작가들이 거대한 성채를 이루고 있다. (물론 이문열이 우파이념가, 정치평론가 행세를 하는 건 구역질이 나지만, 그가 쓴 『사람의 아들』이 준 충격은 아직도 생생하다.)

나는 특히 윤흥길 작가의 매력에 끌렸다. 그의 소설은 일상적 대상에 대해 꼼꼼하게 서술하되 수사학의 함정에 빠지지 않으면서 굵직한 울림을 주는 작품들이었다.

70년대에 나온 상당수의 소설이 그렇듯 「아홉 켤레의 구두로 남은 사내」도 산업화 과정에서 해체되는 약자들의 삶과 비인간화에 대한 안타까움이 짙게 묻어 있다. 작품의 배경은 경기도 광주, 즉 지금의 성남이다. 실제로 작가가 그곳에서 교사 생활을 했기에 더욱 생생하게 묘사할 수 있었을 것이다. 지금은 성남시 단대동(예전 단대리) 일대로 변한 당시 광주대단지는 판잣집의 빈민들을 강제로 이주시켜 몰아넣은 곳이었다. 그리고 이 과정에서 일어난 부조리에 민중들이 저항한 것이 바로 '광주대단지 사건'이었다. 그 경기도 광주는 익숙했던 삶의 공간에서 멀리 추방된 서러운 서민들의 애환과 분노, 좌절과 투쟁이 씨줄과 날줄로 얽혀 있는 곳이었다.

이야기의 화자인 '나'는 경기도 성남(광주)에 있는 학교 교사로 주택을 갖고 있다. 수입이 변변하지 않아서 방 하나를 세놓았는데 권 씨 가족이 들어왔다. 이 가족의 가장인 권 씨가 소설의 주인공이다. 그는 대학을 졸업하고 출판사에서 일했던 경험이 있었다. 대학만 나오면 '인텔리' 소리를 듣던 시절에, 글을 다루는 직업을 거쳐왔다는 것은 지식인임을 함축하는 장치다. 지식인에 가까운 그였지만, 성남으로 흘러 들어왔을 때는 바닥까지 내려간 삶을 근근이 꾸려가는 처지에 불과했다. 그는 철거민 입주권을 구해 내 집을 마련할 수 있다는 꿈을 꾸며 광주대단지 땅을 분양받았다. 그러나 엉뚱하게도 광주대단지 사건의 주동자로 몰려 감옥에 끌려가야 했다.

이렇듯 기구한 팔자를 지닌 그에게는 묘한 습성이 있었다. 바로 열 켤레의 구두를 애지중지해서 늘 부지런히 닦고 아끼며 신는다는 점이었다. 당시 구두를 열 켤레씩 갖고 있는 사람은 드물던 때였다. 사내의 구두는 그의 자존심을 상징했다. 자존심이라는 게 기껏해야 구두밖에 없는 사내. 누구나 그 사내의 모습을 상상할 수 있을 것이다. 지식인에서 빈민으로 전락한 특정한 사내의 모습이 아니라, 당시 이악스러운 경쟁에서 내몰리고 나락에 떨어진 다수의 약자들 말이다. 그런 그에게 또 문제가 생겼다. 아내의 병세가 심각해져 수술을 받아야 했던 것이다. 당장 돈이 없었던 그는 '나'에게 돈을 빌려 왔지만, '나'는 야멸차게 거절한다. 제대로 끼니조차 감당하지 못 하는 그가 언제 빚을 갚겠는가 싶어서다. '나'는 그의 처지를 이렇게 묘사한다.

그렇다. 끼니조차 감당 못 하는 주제에 막벌이 아니면 어쩌다 간간이 얻어걸리는 출판사 싸구려 번역일 가지고 어느 해에 빚을 갚을 것인가.

지식인으로서의 자존심은 여전히 가지고 있으나 생계는 해결하지 못 하는 무능한 인물. '나'는 권 씨를 그런 인물로 보았다. 그러나

'나'는 그에게 야박하게 군 것이 미안하고, 아픈 사람을 살려내야 한다는 생각 때문에 여기저기 돈을 빌려 권 씨 아내가 수술을 받도록 돕는다. 그 사정을 알지 못한 권 씨는 집을 나갔다. 그날 밤, 권 씨는 칼을 들고 집주인 방에 들어가 쓸 만한 것을 훔쳐가려 했지만 막상 돈 될 만한 것도 없거니와 어설픈 강도 행색은 금방 들통 나고 만다. '나'는 그를 달래고 타이른다. "어렵다고 꼭 외로우리란 법은 없어요. 혹 누가 압니까, 당신도 모르는 사이에 당신을 아끼는 어떤 이웃이 당신의 어려움을 덜어 주었을지?" 그 말을 들은 권 씨는 버럭 소리치고 나가버린다. "그따위 이웃은 없다는 걸 난 똑똑히 봤어! 난 이제 아무도 안 믿어!" 아내의 수술을 위해 강도질까지 해야 했던 그가 믿을 수 있는 사람도 사회도 없던 셈이다. 그게 밑바닥으로 추락한 사람들의 어설프고 서러운 모습이었다.

사내는 사라지고 집으로 돌아오지 않았다. 그렇게 그의 흔적이라고는 그토록 소중히 여겼던 아홉 켤레의 구두뿐이었다.

가난도 고통도 그대로다

고3 수험생 시절 겨우 짬을 내 읽었던 이 소설에서 현진건의 「운수 좋은 날」이나 도스토옙스키의 『죄와 벌』, 그리고 아서 밀러의 『세일즈맨의 죽음』 등이 교차되어 떠올랐다. 성장과 탐욕의 시대였던 1970년대를 십 대의 눈으로 목격한 내게 그 작품은 생생한 현실로 다가왔다. 내몰리는 삶을 살거나 목격한 것은 아니었지만, 아귀처럼 서로의 등골을 빼먹는 일을 마다하지 않았던 시대에 살았기에 어린 나도 어느 정도는 짐작할 수 있는 삶이었다.

'4당 5락'(4시간 자면 합격 5시간 자면 불합격) 운운하며 스스로를 쪼아대던 수험생이 소설을 읽는 데에 소비한 시간은 고작 한 시간 남짓. 그러나 그 울림은 아주 오랫동안 묵직하게 남았다. 그 여운을 당장 품고 살 수는 없었기에 의도적으로 털어내느라 고생도 했다. 한여름의 더위와 함께 무거운 마음이 뒤섞여 힘들었던 것이 지금도 생생하게 기억난다. 묘하게도 나는 이 작품과 아서 밀러의 희곡이 마치 한 세트인 것처럼 느껴진다.

『세일즈맨의 죽음』에서 삶이 점점 쪼그라드는 가정의 가장인 윌리는 보험금이라도 가족에게 남기고자 자동차를 과속으로 몰며 스스로 목숨을 끊는다. 그러나 두 아들이 받은 보험금은 고작 두 달치 주택구입비 할부금에 해당되는 액수였다.

세상이 좀 더 나아졌다고 하지만, 아홉 켤레의 구두로 남은 권 씨나 윌리의 모습은 정말 사라졌을까. 아니다. 오히려 더 많은 가장들이 스스로 삶을 포기하고 있다. 여전히 집 없는 서민들의 삶은 위태롭고 불안한데, 주택난 전세난은 해결될 기미가 보이지 않는다. 부자들은 더 많은 이익을 추구하며 없는 이들을 위한 사회적 역할도 떠안지 않는다. 가난과 고통은 현재진행형이다.

이문열의 『변경』도 광주대단지에 관한 작품이다. 소설의 주인공 명훈이 몰락하게 되는 결정적 사건이 바로 광주대단지 사건이었다. 그렇게 윤흥길의 권 씨와 이문열의 명훈은 같은 시대, 같은 공간에서 힘겹게 살았던 셈이다. 안타깝게도 지금 우리도 그 삶과 사회에서 한 발자국도 벗어나지 못하고 있다. 사당동, 상계동, 마포, 서초에서 재개발 붐이 일었고 용산참사는 그 정점에서 일어난 비극이었다. 이른바 뉴타운 개발은 돈에 대한 탐욕으로 정답고 오래된 동네를 분해하고 서로 물어뜯게 만들었다. 그런 점에서 「아홉 켤레의 구두로 남은 사내」가 던지는 당대성은 여전히 유효하다. '나'가 단대리를 떠나기로 결심하게 되는 장면은 충격적이고 상징적이었다. '나'의 아들 동준이 과자에다 침을 뱉어 땅바닥에 던지면 고물장수 아들이 그것을 주워 먹는 장면이었다. 그 변태적이고 비인간적 사슬의 위계가 지금은 존재하지 않는가? 정규직 일자리는 하늘의 별 따기이고 대다수가 비정규직 일자리로 연명하는 것이 과자를 주워먹는 고물장수 아들의 모습과 무엇이 다른가.

감수성은 충만했지만 억압적인 사회와 교육으로 능욕당한 십 대 시절에 심장을 저리게 했던 소설이 지금도 그대로 재현되고 있는 현실에 슬프고 화가 난다.

윤흥길은 경제적으로는 궁핍하지만 자존심은 강한, 평범한 소시민의 삶이 뭉개지고 패배할 수밖에 없는 현실의 부조리를 담담하게 고발했다. 하층민들과 근본적으로 큰 차이가 없기에 소외된 그들의 삶을 외면하지도 못하면서도 자신의 상대적 안락함을 포기하지 못하는 중산층의 모순이나 지식 노동자의 의식 분열도 잘 묘사하고 있다. 그의 작품에는 이처럼 간단하지만 웅숭깊은 상징들이 암시적 기법과 현실적 묘사 속에 드러난다. 내가 윤흥길의 작품들에 매료되는 건 그런 간결함과 묵직함 속에 담긴 시대정신 때문이다.

  이 소설을 다시 읽고 책장을 덮는데 아서 밀러의 글이 떠오른다. 보험금을 타게 하려고 돌진한 윌리의 죽음을 눈앞에 두고 아내 린다가 두 아들에게 말한다. "아버지가 대단히 훌륭한 사람이라는 건 아니야. 큰돈을 번 일도 없고, 신문에 이름이 난 적도 없어. 하지만 네 아버지도 인간이야. 그러니까 소중히 대해 드려야 해. 늙은 개처럼 객사를 시켜서는 안 돼."

  아홉 켤레의 구두를 남기고 떠난 권 씨는 지금 어디 있을까. 내게는 어떤 구두가 남아 있는가.

다시 읽은 고전

노인과 바다

20세기 미국 문학을 개척한 작가 어니스트 헤밍웨이의 대표작. 작가 고유의 소설 수법과 실존 철학이 집약되어 있다. 멕시코 만류에서 홀로 고기잡이를 하는 노인 산티아고는 84일째 아무것도 잡지 못했다. 같은 마을에 사는 소년 마놀린은 평소 산티아고의 일손을 돕곤 했는데, 노인의 운이 다했다며 승선을 만류하는 부모 때문에 이번에는 그와 함께 배를 타지 못한다. 산티아고는 혼자 먼 바다까지 배를 끌고 가 낚싯줄을 내린다. 그의 조각배보다 훨씬 크고 힘센 청새치 한 마리가 낚싯바늘에 걸리자 산티아고는 이틀 밤낮을 넘게 그 물고기와 사투를 벌인다.

어니스트 헤밍웨이 지음,
김욱동 옮김, 민음사, 2012

어니스트 헤밍웨이 Ernest Miller Hemingway, 1988~1961

1899년 미국 시카고 교외의 오크파크에서 태어났다. 고교 졸업 후 〈캔자스시티 스타〉지의 수습기자로 일하다 1차 세계대전이 발발하자 군인으로 참전했다가 두 다리에 중상을 입는다. 이후 〈토론토 데일리 스타〉지의 파리 주재 특파원으로 파리에 머물면서 당대의 저명한 작가들과 어울렸다. 당시 F. 스콧 피츠제럴드의 소개로 편집자 맥스웰 퍼킨스를 만나고 작가로서의 길을 걷는다. 1926년 『해는 또다시 떠오른다』를 발표하며 명성을 얻었으며, 전쟁 문학의 걸작 『무기여 잘 있거라』, 스페인 내란 때의 경험을 바탕으로 쓴 『누구를 위하여 종은 울리나』를 발표하며 폭발적인 인기를 얻었다.

패배할 수 없는 인간의
처절한 사투

요즘에는 영화를 잘 안 보게 된다. 왜 그런지는 잘 모르겠다. 학창시절에는 참 부지런히 영화를 챙겨봐서 중간고사, 기말고사가 끝나는 날이면 친구들과 단체로 영화 관람을 가기도 했다. 학교에서 가까운 단성사, 피카디리, 허리우드, 세기극장을 비롯해 국도, 스카라, 명보, 대한극장에 이르기까지 거의 모든 개봉관을 섭렵했다. 난 남들이 재미없어 하는 영화를 좋아했다. 가장 기억에 남는 영화는 〈갈매기의 꿈〉이다. 미국의 소설가 리처드 바크의 작품을 영화화한 것인데, 주인공은 갈매기, 사람은 딱 한 장면에 소품처럼 등장하는 영화였다. 총질도, 격투 씬도 없고 멜로마저 없는 영화였으니 한창 피 끓는 청소년에게 지루할 법도 했다. 그러나 그 영화는 내가 지금까지 기억하는 좋은 영화 10선 중 하나다. 닐 다이아몬드의 철학적인 주제가는 또 얼마나 멋지던지!

헤밍웨이의 소설을 영화화한 〈노인과 바다〉도 기억에 남는다. 이 영화를 극장에서 처음 본 건 중학교 2학년 때였다. 을지로2가에서 명동으로 올라가는 길에 있던 중앙극장으로 기억하는데 친구들은 지겹다며 영화 상영 도중에 졸기도 했다. 스펜서 트레이시라는 매력적인 배우를 알게 된 것도 영화의 소득 가운데 하나였다. 영화는 확실히 지루했다. 내용 대부분이 바다 한가운데에서 노인 혼자 작은 배를 타고 항해하는 장면과 거대한 물고기와의 사투, 상어 떼의 습격 등으로 채워져 있었다. 그러나 나는 그 영화에서 처절함, 긴박감, 집요함을 느낄 수 있었다. 힘겹게 영화를 보고 난 후, 극장을 나서는 발걸음은 뭔가 꽉 찬 느낌으로 채워져 있었다.

며칠 후 종로서적 옆의 양우당에서 동명의 문고판 소설책을 사서 읽었다. 영화를 먼저 본 덕에 책을 읽으면서 장면들이 계속 떠올라 입체적으로 이해할 수 있었지만, 소설 역시 단순하고 지루했다. 옆자리 친구 녀석이 "그 소설 재미있냐"라고 물었을 때 "거대한 물고기 한 마리 잡는 이야기야"라고 말해주었더니 "차라리 낚시 책을 읽지 그래" 하며 빈정거렸다.

노인의 항해에서 인생을 보다

난 『노인과 바다』를 읽으면서 허먼 멜빌의 『백경』이 떠올랐다. 멜빌의 소설을 영국의 사서들은 '고래학'에 분류했다고 하니 친구 녀석의 말처럼 헤밍웨이의 소설도 생선이나 낚시 이야기인 셈이려나. 다소 단순하고 지루했던 헤밍웨이의 소설에 비해 멜빌의 소설은 긴장감과 박진감이 넘쳤다. 멜빌의 문장은 묵직했던 반면, 헤밍웨이의 문장은 짧고 간결했기에 멋진 문장은 아니라며 어린 나이에 잘난 척도 하며 읽었던 것 같다.

소설은 영화보다 담백했다. 살짝 업신여겼던 문장도 묘한 매력이 있었다. 짧게 툭툭 치고 가는 문장의 힘을 느꼈다. 이야기가 복잡하지 않아서 줄거리를 기억하기에도 좋았다. 그러나 그 단순한 이야기가 어린 시절에는 그다지 감동적이지 않았고, 왜 걸작이라는 찬사를 받는지 이해하기 어려웠다.

『노인과 바다』를 다시 만난 건 대학 시절이었다. 영문과 전공수업에서 만난 영국소설들에 질려 있던 터였다. 화려한 만연체에 능수능란한 은유와 상징이 붕어빵의 팥소처럼 반반 섞인 문장들을 읽다 보면 녹초가 되기 일쑤였다. 대학교 2학년 때 '영문학 배경'이라는 필수 강의가 있었다. 그 수업에서는 성서와 그리스신화를 지겹도록 외우게 했는데, 그 진가를 확인시켜 주는 것이 영국소설들이었다. 어휘도 일상적이지 않아 계속해서 사전을 들춰야 했고, 현란한 수사학의 경연장 같은 영국소설들은 게다가 분량은 또 왜 그렇게 많던지! 영국문학 시간은 내게 공포 그 자체였다.

영국소설 수업을 마친 다음 시간에는 미국소설 수업을 들었다. 피츠제럴드의 『위대한 개츠비』와 헤밍웨이의 『노인과 바다』가 주 텍스트였는데 영국소설의 난삽함을 겪은 후에 만난 헤밍웨이의 소설은 요즘 말로 '사이다'였다. 낱말도 어렵지 않고 문장도 길지 않았다. 그것만으로도 수업시간은 행복했다. 게다가 중학교 때 이미 읽은 소설이고 줄거리도 단순해서 그대로 기억하고 있으니 얼마나 편했겠는가.

그런데 다시 읽어 본 『노인과 바다』는 중학교 때 읽었던 그 소설이 아니었다. 내용은 그대로이지만 어찌나 매력적이던지, 앞으로 내가 글을 쓰면 그렇게 써야겠다고 결심할 정도였다. 단순한 문체와 내용은 오히려 주제의식을 뚜렷하게 드러내주었다. 교수는 소설에서 어설프게 상징을 찾지 말라고 했지만, 나는 자꾸만 노인과 소년, 물고기와 바다가 무엇을 상징하는지, 그게 어떻게 인생을 압축하고 있는지 등을 찾고 있었다.

소설은 두 문장에서 이야기의 절반을 드러내놓는다. "그는 멕시코 만류에서 조각배를 타고 홀로 고기잡이하는 노인이었다. 여든 날 하고도 나흘이 지나도록 고기 한 마리 낚지 못했다." 예전에는 꽤 알아주는 어부였을 노인은 운도 다 소진해, 아무도 챙겨주는 이 없고, 먹을 것도 없으며, 수중에 쥔 돈도 없는 그야말로 '끝장난' 상황이었다. 그저 조용히 죽음을 기다리며 운명에 순응하는 것 말고는 답이 없어 보였다. 이를 거부하는 건 자연의 질서에 대한 반역이다. 그러나 모든 사람들은 반역을 꿈꾼다. 다만 그것을 수행하는 이가 별로 없고, 그것을 치를 용기도 마음도 없을 뿐이다.

처음 40일 동안은 마을 소년 마놀린이 함께 배에 타고 있었다. 그러나 마놀린의 부모가 노인에게 '운이 다했다'라고 한 말이 걸려 노인은 혼자 바다로 나선다. 바다는 속이 보이지 않는다. 사냥과 낚시는 그래서 다르다. 노인이 젊은 시절 경험했던 사냥은 대상이 보이는 사냥이다. 사자건, 표범이건, 덫을 놓을 수 있고, 총으로 쏘아 죽일 수도 있다. 그러나 바다에서는 그럴 수가 없다. '감'에 의존해서 낚싯줄을 드리워야 한다.

바다는 너무나 광활하고 철저하게 고독하여 인간에게는 버거운 공간이다. 바다는 삶과 같다. 우리는 앞으로 살아가야 할 시간과 내용을 알 수 없다. 우리의 삶 또한 하나의 장정長征이다. 노인이 여든네 날 동안 허탕을 친 것은 운이 다해서도, 감이 떨어져서도, 어구가 신통치 않아서도 아니다. 노인의 이야기가 보이지 않는 것을 찾아 떠나는 장정을 상징하기 때문이다. 마치 어디에 있는지도 모르는 모비 딕을 끝없이 추적하는 에이허브 선장처럼. 그래도 에이허브에게는 거대한 포경선과 선원들이 있었다. 절대 고독자는 아니었다. 노인 산티아고는 철저하게 혼자다. 그가 바다로 나선다.

84일 동안 허탕만 친 노인은 자잘한 물고기를 잡는 것에는 관심을 잃었다. 거대한 청새치를 찾아 점점 더 먼 바다로 나선다. 고작해야 한두 명밖에 탈 수 없는 작은 배를 끌고 먼 바다로 나간다는 것은 맨몸으로 정글에 사냥을 떠나는 것처럼 무모한 것이다. 그러나 노인은 오로지 거대한 청새치를 잡기 위해 두려움 없이 노를 젓는다. 먹을거리조차 제대로 준비하지 않은 채 나섰지만, 노인은 그런 것쯤은 신경도 쓰지 않는다. 헤밍웨이는 자신의 작품에서 어떠한 상징조차 찾지 말라고 당부했지만, 노인의 모습에서 우리 삶이 떠오르는 것은 어쩔 수 없다. 삶의 막바지에 이른 노인과 바다의 폭군인 거대한 청새치, 극과 극의 대비다.

소설은 군더더기가 없다. 가끔 노인이 혼잣말로, 혹은 회상으로 미국의 프로야구를 언급하는 것이 대사의 전부다. 야구는 집(홈)으로 돌아와야 점수를 얻는 경기다. 그러나 노인은 점점 집에서 멀어지고 있다. 돌아가야 할 집에서 멀어지는 것은 위험하다. 뉴욕 양키스 팀의 디마지오가 장타를 때리고 멋지게 베이스를 돌아 '홈'으로 귀환하는 것처럼 노인도 거대한 물고기를 잡아 집으로 돌아가는 꿈을 꾼다. 단 하나의 투쟁은 불필요한 수식어 없이 뼈대처럼 앙상하되 단단하다.

실존은 그렇게 처절한 투쟁이다

> "하지만 인간은 패배하도록 창조된 게 아니야. 인간은 파멸 당할 수는 있을지 몰라도 패배할 수는 없어."

노인은 담담하게 읊조린다. 그가 먼 바다까지 청새치를 잡기 위해 떠난 이유는 패배할 수 없기 때문이다. 설령 바다가 그를 파멸시킬지 몰라도 굴복하지 않는다. 그게 노인의 유일한, 그리고 절대적인 힘이다.

노인이 원하는 물고기는 쉽게 나타나지 않았다. 시간이 흐를수록 노인은 지쳐갔다. 그러다가 탈진 직전에 드디어 '그놈'이 걸려들었다. 그놈은 노인의 작은 배와 거의 맞먹는 크기였다. 낚싯대에 걸려 들었지만 그놈은 노인의 것이 아니었다. 오히려 노인의 배를 끌고 갈 만큼 엄청난 놈이다. 일단 목표는 얻었지만 잡은 것은 아니다. 아니, 이제 본격적인 투쟁이 시작된 것이다. 그가 가장 지치고 힘든 시기에 걸려든 물고기는 그를 재우지도 않는다. 지친 상태에서 잠깐 지 빼앗겼지만 노인은 결코 포기하지 않는다.

바다는 그 속을 보여주지 않는다. 심지어 잡힌 물고기조차 수면 위로 떠오르기 전에는 무엇인지 모른다. 삶이 바다라면 물고기는 삶의 목표다. 손에 쥐기까지는 끝내 아무것도 모른다. 긴 기다림보다 더 힘겨운 사투가 시작된다. 팽팽한 줄은 결국 살을 파고들고 거대한 물고기가 몸부림칠 때마다 그는 쓰러지고 부딪혀 깨지고 피를 흘린다. 그러나 노인은 포기하지 않는다. 그는 그럴 때마다 소년이 그립다. "그 애가 곁에 있으면 좋으련만." 노인의 독백은 소년의 부재를 확인시켜주는 동시에 그 공백을 채우고 싶어하는 갈망을 드러낸다. 그것은 삶의 연속성을 상징한다. 하지만 소년은 배에 없다. 그에게는 삶의 연속성조차 허용되지 않는다. 절대 고독은 절대 실존을 고스란히 드러낸다. 소설의 절정은 그렇게 점점 빠르게 치달아간다.

노인과 청새치의 사투는 길들여지지 않는 성난 소와 투우사와의 대결을 연상시킨다. 평소에 투우 경기를 즐겨 보았던 헤밍웨이는 투우를 "예술가가 죽음으로 맞닥뜨리는 유일한 예술"이라 했고, 투우사란 "두려움을 정복하고 죽음을 지배함으로써 죽음의 공포에서 해방된" 자라고 칭했다. 청새치와 노인의 대결은 훨씬 거칠고 위험한 투우다. 원형극장 중앙에 단 둘이 놓인 소와 투우사처럼 바다에는 청새치와 노인 둘 뿐이다. 인간의 실존이란 그렇게 처절한 사투이다.

마침내 노인은 투쟁에서 승리한다. 하지만 배만큼 큰 물고기를 들고 부두로 돌아가는 것은 불가능하다. 승리의 기쁨은 잠시였다. 노인은 거대한 물고기를 배에 겨우 묶고 돌아가지만, 돌아가는 길마저 험난하다. 상어 떼가 몰려와 그의 전리품, 여든여섯 날만에 잡은 트로피를 뜯어간다. 노인은 물고기를 지키기 위해 상어 떼에 맞서다가 끝내 포기한다. 그에게 남은 것은 물고기의 거대한 뼈대 뿐이었다.

그 뼈대는 아무 쓸모도 가치도 없는 쓰레기가 아니다. 살점이 거의 뜯겨나간 물고기와 노인은 비로소 화해한다. "고기야, 난 이렇게 멀리 나오지 말았어야 했는데. 너를 위해서나 나를 위해서나 말이다. 고기야, 미안하구나." 노인은 앙상한 등뼈만 남은 물고기를 들고 항구로 돌아왔다. 그의 곁에 꼬마 친구가 찾아왔다. "노인은 여전히 엎드려 자고 있었고, 소년이 곁에 앉아서 그를 지켜보고 있었다. 노인은 사자 꿈을 꾸고 있었다." 꿈에서 그는 새로운 사냥을 떠난 것일까.

복잡한 플롯도 없고 난해한 문장도 없는 헤밍웨이의 소설은 영문학 수업에서 특별히 선호되는 작품이었다. 그의 소설은 언제나 간결하고 명료했다. 하지만 시간이 갈수록 화려한 수사의 영국소설들이 가물가물해지는 반면 헤밍웨이의 투박한 소설은 갈수록 뚜렷하게 떠올랐다. 장식의 언어가 아닌, 현학의 허세나 기름기는 완전히 제거한 그의 소설은 잘 훈제된 돼지 뒷다리 같다. 양념과 조리의 도움이 전혀 없어도 그 자체로 풍미와 영양소를 지닌.

스펜서 트레이시가 없었다면 이 작품의 영화화가 가능했을까.

영화 〈모비딕〉의 그레고리 펙은 다른 배우로 대체될 수 있을지 몰라도 산티아고 노인 역할은 스펜서만이 가능했을 듯싶다. 그렇게 소설도 영화도 내게 오랫동안 각인되는 걸 보면 헤밍웨이의 작품은 위대하다. 그의 문장을 뛰어넘고 싶은 욕망이 청새치처럼 여전히 펄떡이고 있다.

다시 읽은 고전

고도를 기다리며

사무엘 베케트 지음,
임성희 옮김, 청목사, 2000

베케트의 대표적인 부조리극으로 베케트는 이 작품을 희비극이라고 부른다. 희곡의 기본 구성은 2막으로 되어 있다. 시시포스의 신화에서 시시포스가 신의 형벌을 받아 평생 바위를 산 정상을 향해 밀어 올리는 것처럼, 두 부랑자 블라디미르와 에스트라공은 50년 동안이나 오지도 않는 고도를 계속 기다리고 있다. 이를 통해 베케트는 인간의 삶을 단순한 '기다림'으로 정의를 내리고 이런 기다림 속에서 인간존재의 부조리성을 보여준다.

사무엘 베케트 Samuel Beckett, 1906~1989

1906년 아일랜드 더블린에서 태어났다. 더블린의 트리니티칼리지를 졸업하고, 파리의 고등사범학교에서 영어교사로 있다가 귀국하여 모교의 프랑스어 교사로 근무하였다. 스승이자 친구였던 제임스 조이스에게 영향을 받아 전위적인 소설과 희곡을 영어와 프랑스어로 발표했다. 1952년에 발표한 『고도를 기다리며』로 이름이 알려졌으며, 부조리극의 선구자로 평가받는다.

끝이 없는
기다림의 시간

중학교 때 사촌형을 따라 충무로5가의 정음사 건물 5층, '카페 떼아뜨르'라는 요상한 이름의 극장을 갔다. 음료와 샌드위치를 먹으며 연극을 관람하는, 난생처음 경험해보는 새로운 극장이었다. 사촌형은 내게 매주 〈독서신문〉이라는 주간지를 학교로 보내주었는데, 형이 보내주는 주간지를 재밌게 읽었다. 중학생이 읽기에는 꽤나 수준이 높았던 그 잡지에서 '사무엘 베케트 특집'을 보았고, 『고도를 기다리며』에 관한 기사도 보았다. 그 책이 궁금하던 차에 사촌형이 카페 떼아뜨르에 나를 데리고 간 것이다. 그게 나의 첫 연극 관람이었다. (극장에서 주던 오렌지 주스와 샌드위치를 맛있게 먹었는데, 이후 모든 극장이 그런 줄 알고 다른 연극을 보러 갔다니 먹을 것을 주지 않아서 화가 났던 기억도 난다.) 그때 봤던 연극이 바로 〈고도를 기다리며〉였다. 처음으로 극장에서 본 연극이었지만, 잔뜩 실망했다. 멋지고 화려한 무대와 다양한 배우들이 관객을 휘어잡으며 숨소리까지 그대로 느낄 수 있으리라 기대했던 것과 달리, 달랑 네 명의 배우가 아무런 매가리도 없이 흐리멍텅한 눈으로 이상한 말만 지껄여대니 지루하기 짝이 없었다. 도무지 알 수 없는 이상한 연극을 보고, 원작조차 읽고 싶은 생각이 사라졌다.

부조리극의 충격과 매력

고등학교 1학년 때 국어 선생님은 대학 연극부 출신에 연극반을 지도하는 분이었다. 국어 시간에 선생님이 사무엘 베케트에 대해 상세하게 설명해줬는데 매우 매력적인 작가로 다가왔다. 노벨문학상을 수상했지만 수상을 거부했고, 아일랜드 더블린에서 태어나 대학에서 프랑스어와 이탈리아어를 전공했고, 파리 유학 시절에 제임스 조이스와 친하게 지내며 영향을 받았다는 것과, 영어로 소설을 써서 런던에서 발표했으며, 2차 세계대전 때는 프랑스의 레지스탕스로 활약하는 등 '자유로운 국제인'으로서의 그의 삶에 매우 끌렸다. 그의 대표작이 『고도를 기다리며』인데 매우 중요한 작품이라는 설명은 이미 연극을 보고 실망한 내게 와 닿지 않았다. 다만 그의 자유로운 삶을 보면서 내가 대학에 진학하면 외국어나 외국문학을 전공한 뒤 대학원에서 진짜 하고 싶은 공부를 해야겠다고 마음먹었다. 선생님은 명동에 새로 생긴 '3·1로창고극장'에서 〈고도를 기다리며〉 연극을 하니 꼭 가보라고 권했다.

이미 중학교 때 실망했던 나는 그 연극을 다시 보는 것이 내키지 않았다. 그러다 명동 수녀원에 있는 작은누나를 만나러 갔다가 시간이 남아서 성모병원 후문 쪽에 있는 극장을 찾았고 그 연극을 다시 보았다. 2년 사이에 생각이 성장했기 때문일까. 뜻밖에도 연극은 재미있었다. 당시 배우들의 연기가 훌륭했기 때문인지도 모른다. 대사 하나하나가 예사롭게 들리지 않았다. 연극을 본 후 종로서적에서 원작 책을 사서 집으로 돌아가는 버스 안에서 읽었다.

    책은 역시 쉽지 않았다. 연극 팸플릿에서 사무엘 베케트가 부조리극의 주도적 작가라는 설명을 읽긴 했지만, 그 '부조리'를 이해하는 것이 내게 부조리하게 느껴졌다. 그러다가 한 줄 한 줄 읽어갈수록 서서히 빠져들었다. 어떤 특정한 목적이나 의도가 없는 소설에서 '의사소통의 부재'에 대해 이야기하고 있음을 어렴풋이 느꼈다. 논리정연한 대화가 실종된 소설을 이해하는 것은 불가능에 가까웠다. 논리도 뜻도 없는 말은 침묵과 무엇이 다를까. 책을 읽는 내내 들었던 의문이었다.

    내가 연극을 보고 왔다고 말씀드리자 국어 선생님은 물었다. "너는 어떤 고도를 기다리니?" 이 무슨 뚱딴지같은 질문일까. 그렇지 않아도 연극을 관람하는 내내 도대체 고도는 언제 어떻게 나타나는지 궁금했는데, 끝내 나타나지 않아서 화가 났었다. 책을 읽으면서도 고도가 누구인지 미스터리가 풀리지 않아 답답했는데 국어 선생님의 질문은 내게 당혹스러운 것이었다. 다시 책을 읽어봐야겠다는 생각에 펼쳐 보았지만, 여전히 국어 선생님의 질문은 내게 풀리지 않는 수수께끼였다.

시간이 지나 대학생이 되어 두 편의 연극을 본 후 이 작품을 다시 읽었다. 70년대 후반 '공간'이라는 건물 안에 소극장이 있었다. 무대가 가운데에 있고 객석이 무대를 빙 둘러싼 형태의 독특한 곳이었다. 그곳에서 정연희 작가의 〈대합실〉이라는 연극을 보았다. 여자 주인공이 기차를 기다리는 동안 대합실에 함께 있던 남자들에게 몹쓸짓을 당하는 내용이었는데, 연극의 전반부가 〈고도를 기다리며〉를 차용한 듯한 느낌이 들었다. 당시 까칠한 성격의 대학생에게 표절의 느낌은 꽤나 불쾌하게 다가왔다.

그리고 며칠 후 명동의 엘칸토 소극장에서 부조리극의 또 다른 대표작 이오네스코의 〈대머리 여가수〉를 보았다. 그 연극을 보면서 부조리극의 매력이 무엇인지 알 수 있었다. 베케트를 다시 펼쳐 보았다. 그렇게 베케트의 작품은 연극을 통해 끊임없이 조우하고 재회하는 묘한 인연이었다.

시간도 공간도 아닌 내 안의 어떤 것

연극 〈고도를 기다리며〉는 길지 않다. 두 개의 막으로 구성된 희비극이다. 부랑자 에스트라공과 블라디미르. 그들은 오지도 않는 고도를 계속해서 기다리고 있다. 50년 동안 오지 않았던 고도는 과연 올 것인가. 그 믿음의 근거는 확실한 건가. 첫 장면에서 에스트라공은 신발을 벗으려고 한다. 하지만 힘이 빠져서 같은 동작을 되풀이한다. 에스트라공에게 블라디미르가 묻는다.

블라디미르: 자네 무얼 하고 있나?

에스트라공: 신발을 벗으려고 하잖아. 그래 당신한테는 이런 일이 한 번도 없었나?

블라디미르: 신발이란 매일같이 벗어야 하는 것이지. 내 얘기를 좀 들어보라구.

에스트라공: (작은 목소리로) 좀 도와주구려!

    기다림은 아무 의미 없이 되풀이되는 '신발 벗기'와 무엇이 다른가. 그러는 와중에 포악한 주인 포조와 가련한 하인 럭키가 다녀간다. 럭키의 목에 포승을 감아 묶은 포조는 채찍을 들었다. 기다림에 지친 에스트라공은 포조에게 고도가 아닌지 묻는다. 심지어 '포조'라고 대답했는데도 그는 '고도'라고 말했다고 주장한다. 이들의 대화는 계속해서 엇갈린다. 각자 자기 말만 하고 있는 셈이다. 삶이 이토록 단순하면서도 엇갈리는 기다림이라면 그 이상의 부조리가 있을까.

    이 연극(희곡)은 오직 고도를 기다리는 내용으로만 채워져 있다. 매일의 삶이 그 기다림뿐이다. 과거도 미래도 없다. 오직 현재뿐이다. 그 무료함과 두려움을 덜어내기 위해 그들은 무수히 지껄인다. 성서를 들먹이기도 하고 옆의 나무를 놓고 토론도 벌인다. 온갖 농담과 꿈 이야기를 주고받지만 공허하기는 마찬가지다. 먹는 일, 오줌 누는 일 등 일상적인 것들이 하나씩 배열된다. 그러나 고도는 다음날을 기약하는 전갈만 보낼 뿐 오늘도 오지 않는다.

소년 전령을 통해 오늘은 오지 못하고 내일은 꼭 온다는 전갈을 들었을 때도 우리는 그가 오지 않을 것임을 직감한다. 내일 같은 대답을 할 것임을 우리는 안다. 도대체 고도는 누구인가. 온갖 추측과 짐작만 난무할 뿐 아무도 고도가 누구인지 언제 진짜 올 것인지 알 수 없다. 그것은 앞으로도 마찬가지일 것이다. 그게 삶이니까. 수많은 사람들이 베케트에게 고도의 정체를 물었지만 그의 대답은 간결했다. "내가 그것을 알았더라면 작품 속에 썼을 거요." 베케트다운 대답이다.

고도의 정체에 대해 온갖 추측들이 난무했다. 'Godot'라는 말이 영어와 프랑스어의 '신'을 뜻하는 God과 Dieu를 하나로 합성한, 즉 '신적인 존재'라는 해석도 나왔다. 그러나 여전히 고도의 정체는 오리무중이다. 아니 고도의 정체가 드러나면 삶이, 역사가 정지할 것이다. 고도의 정의는 독자와 관객 각자의 몫이다. 에스트라공도 블라디미르도 정확하게 언제 누구에게서 고도를 들었는지 모른다. 정체가 없다. 어쩌면 그것은 시간도 공간도 아니며 존재도 아닌, 그래서 내 안에 있는 어떤 것인지도 모른다. 과거도 미래도 아닌 오직 반복되는 현재에만 존재하는.

2막에서 이들의 기다림은 지루함과 지침의 양상으로 퇴행한다. 나무에는 네댓 개의 잎이 돋았다. 블라디미르와 에스트라공은 기억력도 희미해졌고 말수도 적어졌다. 지루함을 털어내려고 심심풀이 삼아 놀이를 해도 무기력만 가중된다. 다시 등장하는 포조와 럭키는 또 어떤가. 포조는 장님이 되었고 럭키는 벙어리가 되었다. 고도는 역시 같은 전갈만 보낸다. '오늘은 가지 못하고 내일은 꼭 갈 것'이라는 내용이다. 절망한 두 사람은 목을 매려 하지만 그마저도 성공하지 못한다. 그들이 할 수 있는 일은 아무것도 없다. 떠나겠다고 말은 하지만 여전히 그 자리에 그대로 남아있을 뿐이다.

베케트는 몇 명의 등장인물만으로 인간의 속성을 고스란히 보여준다. 놀랍다. 도스토옙스키가 『카라마조프 가의 형제들』에서 그토록 장황하게 서술했던 인간의 본성을 이토록 단순한 설정으로 보여주다니….

블라디미르는 늘 뭔가를 골똘히 생각한다. 사색적이고 이성적인 인간의 표상이다. 반면 늘 불평만 하는 에스트라공은 감성적이고 단순한 인간이다. 그러나 그에게는 직관의 능력이 존재한다. 목줄에 묶인 럭키는 이름과는 달리 수동적인 노예일 뿐이다. 그래도 그는 종종 지적인 면을 예리하게 드러낸다. 포조는 폭력적이고 권위적이며, 상대의 존재를 재빨리 간파하는 눈치가 발달했다. 네 사람의 속성을 합하면 우리네 인간의 모습이다. 그렇게 내 안에서 네 사람은 각각 서로 다른 고도를 기다리고 있다

> 블라디미르: 그 애 말이 내일은 고도가 틀림없이 올 거라구. (잠시 후) 어떻게 생각하나?
> 에스트라공: 그럼 기다리기만 하면 된다 이 말씀이지.

둘은 50년 동안 그러고 있었던 것이다. 그리고 막이 내릴 때까지

그대로다.

블라디미르: 자, 떠날까?
에스트라공: 떠나지.

그들은 움직이지 않고 서 있다.
막이 내린다.

  50년이 넘게 자리를 지키고 있는 그들의 모습이 꼭 내 삶 같다. 끔찍하고 두렵지만 그것이 삶의 진실이다. 그 단순하지만 위대한 진실이 베케트가 전하고자 하는 메시지인지도 모른다.

  베케트는 낡은 틀과 궤도를 무너뜨리고 연극을 새로운 궤도로, 현대로 끌어왔다. 베케트의 연극을 처음 본 지 거의 30년쯤 지나 산울림극장에서 임영웅 연출로 전무송 배우가 열연했던 연극을 보게 되었다. 처음에는 낯설고 따분하게만 느꼈던 작품에 숨도 제대로 쉬지 못할 만큼 몰입하게 된 건 나이가 들었기 때문인지, 밀도 높은 배우들의 연기 때문인지 모르겠지만, 어쩌면 나 역시 여전히 고도를 기다리고 있다는 뒤늦은 깨달음이 가장 큰 이유가 아닐까. 지금도 뭔가 쫓기는 삶에 지칠 때, 혹은 반대로 모든 것에 의욕을 잃고 무기력해질 때 나는 습관처럼 이 작품을 다시 읽는다. 바위를 굴려 올리는 시시포스처럼. 인생은 그렇게 부조리한 것이다.

다시 읽은 고전

백 년 동안의 고독

가브리엘 가르시아 마르케스 지음,
안정효 옮김, 김욱동 해설,
문학사상사, 2005

1982년 노벨문학상 수상작. 중남미 문학의 특징인 '마술적 리얼리즘'의 원조 격인 소설로 평가받는다. 5대에 걸친 부엔디아 가문 사람들의 이야기와 부엔디아 가문의 선조가 건설한 마콘도 마을이 번성해 도시가 되었다가 무너지는 과정이 100년에 걸쳐 전개된다. 다른 세계로부터의 철저한 고립과 소외감, 공동체 의식이 무너지며 신문물에 의해 잠식되는 사회의 부조리 등이 마콘도를 멸망시키는 과정을 통해 라틴 아메리카의 복합적인 역사와 현실을 생생하게 그려냈다.

가브리엘 가르시아 마르케스 Gabriel García Márquez, 1927~2014

1927년 콜롬비아 출생. 콜롬비아대학에서 법률을 전공하다 중퇴하고 〈엘 에스펙타도르〉 기자생활을 한다. 『썩은 잎』, 『아무도 대령에게 편지하지 않다』, 『불행한 시간』 등 저항적이고 풍자 정신 넘치는 작품을 발표했다. 1982년 『백년의 고독』을 집필하여 노벨 문학상을 수상한다. 이를 통해 '마술적 사실주의의 창시자'라는 평가를 받았다.

절망의 시대에 마주한 마르케스

책을 펼치자마자 가계도가 나온다면 일단 긴장할 수밖에 없다. 복잡한 가계도가 나온다면 간단한 이야기가 아니라는 뜻이다. 가계도만 봐도 얼키고설킨, 게다가 여러 대를 이어가는 서사 구조라면 머리에 쥐가 난다. 마르케스의 『백 년 동안의 고독』을 처음 펼쳤을 때 느꼈던 당혹감이 그랬다.

전두환이 1980년 5월 광주에서 잔혹한 살육을 벌인 뒤 대통령 자리까지 찬탈한 시기에 이 책을 처음 접했다. 분노와 절망, 공포와 살기를 느끼던 대학생 시절, 지도교수였던 플레밍 신부가 이 책을 권했다. 영미본을 건네면서 내가 꼭 읽으면 좋을 것 같다고 했다. 영어 공부도 할 겸 책을 읽는데 도대체 진도는 안 나가고 이야기는 갈피를 잡지도 못하겠고, 당시 나를 괴롭히던 윌리엄 포크너를 읽는 것보다 더 괴로웠다. 아마 절반쯤 읽다가 포기했던 것 같다.

시간이 지나 대학원에 들어간 뒤 뒤늦게 군대에 가서 그 책의 번역본을 다시 읽게 되었다. 당시 나는 행정병이었는데 조금 한가할 때 선임하사의 눈치를 보며 야금야금 읽었다. 군대 안에 갇혀 답답하고 지루한 일상에 뇌가 무뎌지는 느낌이었는데 그 책을 읽으면 잠자던 뇌가 펄떡이는 것 같았다. 대학생 시절에 처음 이 소설을 접했을 때 당혹스럽고 혼란스러웠던 건 내 영어 실력이 부족했기 때문만은 아니었다. 객관과 주관을 넘나들며 현실과 비현실을 엮어내는 환상적인 문체를 보면서 '마술적 리얼리즘'을 체험적으로 실감했다.

하지만 내게 마르케스는 절망감을 주기도 했다. 당시 나는 문학의 꿈을 포기하지 못한 채 서양철학을 공부하고 있던 터였다. 대작을 쓰고 말리라는 미련을 가지고 있던 내게 마르케스의 작품은 좌절감을 선사했다. 현실과 비현실을, 주관과 객관을 그렇게 넘나들면서 말이 되는(?) 소설을 써낼 수 있단 말인가. 처음에는 도대체 앞뒤도 맞지 않고 논리에도 한참 벗어나 짜증이 났던 작품의 면모를 다시 느끼면서 나의 좁은 식견을 자인할 수밖에 없었다.

남미의 슬픈 역사와 마술적 리얼리즘

소설은 콜롬비아의 시골, 가상의 마을 '마콘도'를 배경으로 한다. 이 마을에서는 모든 것이 가능하다. 상상할 수 없는 일이 일상적으로 일어난다. 이 마을을 세운 부엔디아 가문의 흥망이 주된 줄거리다. 첫 페이지에는 이 가문의 가계도가 나온다. 가계도를 채운 수많은 인물들은 어느 한 명 들러리로 등장하지 않는다.

이야기는 아우렐리아노 부엔디아 대령이 총살을 당하는 순간, 과거를 회상하는 장면에서 시작된다. 아우렐리아노의 아버지가 바로 호세 아르카디오 부엔디아이다. 마콘도를 건설한 호세 아르카디오 부엔디아는 본디 콜롬비아 내륙 지방에서 담배를 경작하던 본토인이었다. 그는 스페인계 상인 가문의 우르슬라 이구아란을 만나 결혼함으로써 처음으로 외지인과 관계를 맺는다. 두 사람은 대대로 살던 고향을 버리고 숱한 고생 끝에 마콘도라는 도시를 개척하며 번성시킨다. 첫째 아들 호세 아르카디아는 몸집이 큰 호색한이었고, 둘째 아우렐리아노는 내성적이며 성격이 날카로운데 앞날을 예측하는 신비한 능력을 지니고 있었다. 마콘도에는 가끔씩 집시들이 찾아왔다. 신비한 능력을 지닌 멜키아데스는 부엔디아 가문의 백 년의 역사를 예견하는데, 훗날 차남 아우렐리아노가 이를 알게 된다. 어른이 될 때까지 사랑을 못 해봤던 아우렐리아노는 딸 같은 레메디오스에 반하여 '아홉 살'의 그녀와 결혼한다. 하지만 쌍둥이를 임신한 레메디오스는 임신 상태에서 죽는다. 장남 호세 아르카디오는 선원으로 떠돌다가 돌아왔지만 호적상 누이인 레베카와 결혼한 탓에 우르슬라는 그들을 집에 들이지 않는다. 아버지 호세 아르카디오 부엔디아는 밤나무에 매달려 미친 상태가 되어 죽는다. 그가 죽던 날 온 마을에 노란 꽃들이 내려와 쌓인다. 아우렐리아노 대령은 자유파를 지지해 반란을 일으키며 수많은 위험을 겪다가 총살을 당한다.

이렇게 한 가문의 역사가 100년에 가까운 시간 동안 이어지며, 다양한 인물들이 등장하고 퇴장한다. 이는 우르슬라가 살아온 여정이기도 하다. 124세에 가까운 삶을 살았던 우르슬라는 가문의 흥망성쇠를 고스란히 겪어냈다. 부엔디아 가문의 종말은 뜻밖의 상황에서 찾아온다. 5대의 막내딸 아마란타 우르슬라는 유학을 떠났다가 가스통이라는 남자와 돌아온다. 돌아온 그녀는 언니 레난타 레메디오스의 아들이자 자신의 조카인 아우렐리아노와 근친 관계에 빠지게 되고, 그들 사이에서 돼지꼬리가 달린 아이가 태어난다. 아이는 아버지가 없는 사이에 개미들에 의해 죽게 되고, 부엔디아 가문의 역사도 종결을 맞이한다. 그리고 마콘도 마을도 함께 무너진다. 이야기 전개는 황당하기까지 하다.

부엔디아 가문의 가장 호세 아르카디오 부엔디아는 독재적인 사고와 대담성을 가진 전형적인 권력자다. 쾌락과 모험을 즐기는 그는 점점 미쳐가다가 죽음을 맞이한다. 그가 미쳐갈수록 마콘도도 이상한 모습으로 변모한다. 불면증, 대상이 드러나지 않는 전쟁에 대한 공포에 부엔디아가 시달릴 때마다 마을도 함께 신음한다. 인물과 장소가 따로 존재하지 않는다. 그 상징으로 나타나는 것이 지속적으로 내리는 비다. 처음에는 이 상징이 작가가 그저 몽환적 분위기를 나타내기 위해 심어놓은 것이라 생각했다. 그러나 작품을 다시 읽었을 때 이 상징 속에 놀라운 은유가 숨겨져 있음을 알게 되었다.

마르케스는 남미가 처한 사회적, 정치적 상황을 반제국주의 시선에서 은유적으로 풀어냈다. 난데없이 전개되는, 군대가 수천 명의 노동자를 죽이고 시체를 화물기차에 실어 그대로 바다에 던져버리는 이야기는 실제로 콜롬비아에서 일어난 사건이다. 바나나 농장의 노동자들이 처우 개선으로 파업을 하자 미국의 거대 자본은 콜롬비아 정부를 압박해 노동자들을 학살하도록 했다. 아우렐리아노 대령을 통해 보여준 보수파와 자유파의 갈등도 20세기 초 콜롬비아에서 일어난 내전을 모델로 한 것이다. 이렇게 갑작스레 끼어드는 기이한 사건들은 작가가 현실에서 겪고 있는 일상의 일부였다. 은유적으로 표현한 이 장면들을 통해 마르케스는 암울한 역사와 현실을 놓치지 않고 직관함으로써 새로운 방식의 리얼리즘을 보여준다. 이는 어떤 작가, 어떤 작품에서도 발견하기 힘든 면모다.

> 이것이 대홍수 뒤의 상황이었다. 사람들의 게으름과 끝없는 망각의 탐욕이 그들의 추억을 조금씩, 그러나 가차 없이 침식하고 있었던 것이다.

돼지꼬리 아이가 죽고 부엔디아 가문이 몰락한 후의 상황을 이야기하는 문장이다. 부엔디아 가문과 함께 마을이 몰락하는 과정은 남미가 제국주의에 의해 유린되는 과정을 상징하기도 한다. 신기루 마을은 인간의 기억 속에서 영원히 사라질 것이다. 그러나 그 역사는 그대로 남는다.

마르케스 소설을 읽는 게 그리 쉽지는 않다. 의식의 흐름이 씨줄과 날줄로 엮이고 다양한 복선이 깔려서 나중에 하나의 매듭으로 이어질 때 비로소 앞뒤가 연결되는 복잡한 구조이기 때문이다. 소설에 깔린 수많은 복선의 실체를 거대한 그림으로 만나게 될 때 숨이 막히는 압축을 실감하게 된다. 예컨대 다음과 같은 대목 말이다.

> 순간적으로 자기의 영혼이 그토록 엄청나게 무서운 과거를 감당할 수 없음을 깨달았다. 자기 자신의 향수와 남들의 향수가 찔러대는 필사적인 창 끝에 상처를 입은 그는 말라죽은 장미숲을 얽은 거미줄의 끈질김과, 독보리풀의 참을성과, 찬란한 2월 새벽 하늘의 인내심을 우러러보았다. 그리고 그는 갓난아이를 보았다.

마르케스는 윌리엄 포크너의 소설에 영향을 받았다고 한다. 하지만 손에서 빠져나가는 뱀장어 같은 포크너의 작품과 달리 마르케스는 거미줄처럼 조여 오는 난마 같은 복선을 정교하게 이어가고 풀어내는 솜씨가 일품이다.

마르케스는 보편의 삶을 이야기했다

마르케스의 작품을 읽다 보면 궁극적으로 우리 삶이 안고 있는 절대 고독의 실체를 마주하게 된다. 마르케스가 심어놓은 남미의 역사에 대한 상징조차 사실은 모든 사회와 개인의 삶에 투사되는 보편적 상황이 아닌가. 대한민국의 역사 역시 전쟁과 갈등, 반목과 투쟁의 역사였다. 남미의 역사가 결국 우리의 역사, 개인의 역사인 것이다.

평화롭고 목가적인 마콘도 마을은 미국의 자본주의가 들어서면서 폭력과 타락으로 무너지게 된다. 콜롬비아가 미제국주의에 의해 무력하게 당한 것과 마찬가지로. 무려 30여 차례의 반정부 봉기와 전투에 나섰지만 매번 패배하는 아우렐리아노 부엔디아 대령은 영웅적 혁명가의 모습이 아니다. 오히려 어릿광대나 치기 어린 모험가의 모습일 뿐이다. '좋은 나날'이라는 뜻의 스페인 이름 '부엔디아'는 결국 이 작품에서 반어적으로 사용되는 셈이다.

소설에서 마술적 리얼리즘의 상황은 다양한 형태로 나타난다. 죽은 사람이 다시 나타나 활약을 한다거나, 부모의 말을 듣지 않아서 뱀이 되는 어린아이, 돼지 꼬리를 달고 태어난 아이, 바다에서 잡은 용의 배에서 발견된 십자군 병사의 무기 등 말도 안 되는 상황을 마르케스는 그럴 듯하게 여기도록 묘사한다. 반복되는 몽환적인 상황들은 시공간을 넘나드는 보편성을 보여준다.

왜 대학생 시절에 윌리엄 포크너를 가르치던 플레밍 신부가 내게 뜬금없이 이 소설을 건네주었는지, 시간이 한참 지나 그분이 세상을 떠난 뒤에야 겨우 깨달았다는 점에서 나는 참 모자란 제자였다. 절망과 분노가 가득한 시절에 불편하지만 현실을 직시하라는 격려와 질책이 아니었을까. 이를 계기로 유럽과 미국 문학에만 경도되었던 좁은 시야가 남미 문학으로 확장될 수 있던 것은 큰 행운이었다. 처음엔 당혹감으로 만난 마르케스는 현실과 환상을 넘나드는 문체로 삶의 보편성을 이야기한, 여전히 가슴 뛰는 작가로 남아있다.

다시 읽은 고전

그리스인 조르바

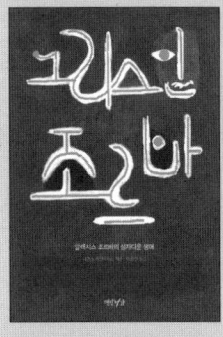

니코스 카잔차키스 지음,
이종인 옮김, 연암서가, 2017

현대 그리스 문학을 대표하는 작가 니코스 카잔차키스의 장편소설. 호쾌한 자유인 조르바가 펼치는 영혼의 투쟁을 풍부한 상상력으로 그리고 있다. 이야기는 젊은 지식인 '나'가 크레타 섬으로 가는 배를 기다리다가, 60대 노인이지만 거침이 없는 자유인 조르바를 만나는 것에서 시작된다. 친구에게 '책벌레'라는 조롱을 받은 후 새로운 생활을 해보기로 결심하여 크레타 섬의 폐광을 빌린 '나'에게 조르바는 좋은 동반자가 된다.

니코스 카잔차키스 Nikos Kazantzakis, 1883~1957

그리스의 시인·소설가·극작가. 1883년 그리스의 크레타 섬에서 태어났다. 아테네에서 법학을 배웠고, 파리에서 베르그송과 니체 철학을 공부하였다. 여러 나라를 편력하면서 역사상 위인을 주제로 한 비극을 많이 썼다. 그리스 난민의 고통을 묘사한 『다시 십자가에 못박히는 그리스도』로 세계적인 명성을 얻었다. 대표작으로 『그리스인 조르바』, 『오디세이아』 등이 있다.

자유의 인간, 조르바

"보스, 당신의 그 많은 책들을 쌓아놓고 불이나 싸질러 버리쇼. 그러면 알아요? 혹시 인간이 될지?"

책과 친하다고 자부하는 사람들 치고 이 문장 앞에서 당당하게 "노!"라고 말할 수 있는 사람이 얼마나 있을까. 나는 매번 이 소설을 읽을 때마다 이 대목에서 움찔하곤 한다.

다시 읽고 싶지만 선뜻 꺼내지 못하는 책이 몇 권 있다. 내게 그런 책 가운데 하나가 바로 니코스 카잔차키스의 『그리스인 조르바』이다. 사실 책보다 영화 〈희랍인 조르바〉로 먼저 만났다. 중학생 때 본 그 영화에서 조르바는 투박하고, 거칠고, 무례하고, 신성모독적인 인물이었다. 게걸스럽다고나 할까? 이 실존 인물을 실제로 만난 작가는 그를 "살아있는 심장, 거대한 게걸스러운 입, 아직 대지에서 완전히 분리되지 않은 위대한 야수의 영혼"이라고 칭하기도 했다. 그런 날것의 펄떡거림이나 야생성을 이해할 수 있는 나이가 아니었으니 영화도 별로 감동이 없었다. 아니, 그의 신성모독적인 태도가 불편했다. 아마도 그때의 나는 꽤나 독실한 신자였던 모양이다.

고등학교 때 독일어 선생님이 『그리스인 조르바』를 권했을 때 나는 전전긍긍했다. 불편한 기억으로 남은 그 책에 거부감이 들었지만 나중에 선생님이 읽었느냐고 물어보면 어쩌나 걱정이 됐다. 진퇴양난! 나와 조르바의 정식 만남은 그랬다. 우아함이나 고상함 따위는 눈을 씻고 찾아봐도 없었다. 먼지 펄펄 날리는 벌판에서 흑백사진처럼 야생인 하나가 떡 버티고 서 있었다. 그런데 읽을수록 자꾸만 그 빌어먹을 야생인에게 빨려가고 있는 것이 아닌가! 그럴 수는 없었다. 나는 최대한 저항했다. 그 저항은 몇 가닥 남지 않은 나의 독실함에 대한 예의였다.

아, 어찌 이런 인물이 존재할 수 있단 말인가. 도대체 막힘도 없고 고민도 없다. 이건 신이지 인간이 아니다. 그러나 가장 인간다운 인간의 모습이다. 시시포스의 오기나 프로메테우스의 메시아 코스프레도 없다. 날것 그대로의 모습, 어쩌면 우리 모두가 늘 꿈꾸지만 정작 한 걸음도 옮기지 못하는 그런 경지에 오른 남자. 그 어떤 인간이 이 야생인 조르바 앞에서 위축되지 않을 수 있을까. 한편으론 가슴이 뻥 뚫리는 통쾌함을, 한편으론 따라잡을 수조차 없다는 위축감을 동시에 느끼게 하는 이 모순적 존재는, 그야말로 삼키지도 뱉지도 못하는, 하지만 오래 물고 싶은 보석사탕이다.

자유로운 본능의 인물을 만나다

조르바는 실로 독보적인 인물이다. 어떤 작품에서 그 같은 인물을 만날 수 있을까. 수많은 평론가들이 그를 『아라비안 나이트』의 신밧드, 『헨리 4세』의 폴스타프, 『돈키호테』의 산초 판사 등이 하나로 응축된 인물이라고 평하기도 했다.

『그리스인 조르바』는 이야기 구조가 단순하다. 어쩌면 조르바라는 인물이 플롯마저 삼켜 버리는 거대한 캐릭터이기 때문에 복잡한 서사는 불필요했을지도 모른다. 소설의 두 축을 구성하는 두 사람은 너무나 대조적이다. 한 사람은 광산 소유주이며 매우 지적인 인물이고, 다른 한 사람은 공사 반장이지만 어느 누구에게도 종속되지 않는 자유로움이 넘치는 본능의 인물이다. 두 사람의 기이한 우정은 마치 헤르만 헤세의 『지와 사랑』에 나오는 나르치스와 골드문트를 연상시키기도 한다. 정신적 세계와 물질적 세계 사이의 영원한 대결을 탐구한다는 점에서 특히 그렇다. 하지만 나르치스와 골드문트의 우정이 조심스러운 긴장과 세심한 갈등의 구조를 가졌다면, 조르바와 '나'의 우정은 투박하되 직설적이어서 긴장의 끈조차 무력하게 만들고 갈등의 균열마저 무의미하게 만드는 마성을 지녔다.

조르바에게는 우회도 후퇴도 없다. 에둘러 표현하는 법도 없다. 그는 어떠한 도전에도 쭈뼛거리지 않고 대담하게 맞선다. 인생이 요구하는 수많은 매듭과 질곡조차 그에게는 한 줌밖에 되지 않는 쓸데없는 고민이다. 조금도 망설이지 않는다. 여자와의 사랑도 그에게는 뜨거운 화산 활동과 같다. 그의 사랑은 육체적 탐닉이나 거친 욕망으로 정의되지 않는다. 그에게 사랑은 영혼을 구제하는 일이다. 그러니 그에게는 어떠한 위축도 허용되지 않는다. 뭐, 이런 인간이 다 있는가. 우리는 매 순간 갈등하고 주저하고 남의 눈치를 보는데 이 인간은 그런 것쯤은 안중에도 없다. 그러고 어찌 고통이 없겠는가. 하지만 그 고통마저 그는 담담하게 받아들이거나 슬쩍 도닥이며 곁에 자리를 내주고는 눈길도 주지 않는다. 그는 모순적 존재처럼 보이지만 그에게는 전혀 모순이 아니다. 그러니 어찌 책을 읽는 내내 그에게 위축되지 않겠는가. 다시 읽고 싶어도 그에게 주눅 들기 싫어서 주저하게 된다.

이야기의 시작은 다음과 같다. 젊고 지적인 주인공 '나'는 새로운 생활을 해보고 싶어서 어떤 섬의 폐광을 빌린다. 그 섬으로 가는 배를 기다리면서 한 60대 노인을 만나게 된다. 노인이지만 당당하고 거침이 없는 자유인, 바로 조르바였다. '나'와 조르바는 크레타 섬으로 향했다. 크레타 섬에서 두 사람이 함께 생활하며 펼쳐지는 이야기는 호메로스의 작품을 읽는 듯 호기로웠다. 흥미로운 것은 크레타 섬이 카잔차키스가 사후에 묻히는 곳이라는 점이다. 그리스 최고의 작가 카잔차키스는 그리스정교회에서 파문당해 아테네에 묻히지 못했다. 조르바의 입을 통해 수도사들을 꾸짖고 교회의 위선을 수시로 까발렸으니 자연스러운 수순이었는지도 모른다. 그러나 파문당한 카잔차키스는 의연했다. 자신을 파문한 교회에 다음와 같은 편지를 썼을 만큼. "성직자들이여, 여러분들은 나를 저주하지만 나는 그

대들을 축복하오. 또한 당신들이 나만큼 양심이 깨끗하기를, 그리고 나만큼 도덕적이고 종교적이기를 기원하오." 카잔차키스답다. 아니, 조르바의 창조자답다.

많은 이들이 그러하듯 이 소설을 읽으면서 가장 인상적이었던 대목은 조르바가 도자기를 빚다가 손가락이 거추장스럽다며 도끼로 손가락을 잘라버리는 장면이었다. 상상만 해도 끔찍하다. 그러나 그 손가락은 무슨 의미를 가지는가. 손가락을 자른다고 생명이 사라지는가? 손가락이 내 몸을 지탱하는 중심인가? 본질인가? 이 얼마나 잔인한 진실의 확인인가. 인간이란 자유를 뜻하는 거라는 조르바의 투박한 주장에 어떤 독자가 무릎 꿇지 않을 수 있을까. 우리는 스스로 묶은 사슬에 얽매여 그것을 단칼에 끊어내기 어려워한다. 현실과 이상은 다르다. 거죽의 삶과 본질의 삶이 일치하지 않는 경우도 허다하다. 우리는 삶이 흔들릴 때마다 이상이니, 본질이니 운운하며 그것을 핑계 삼아 견고하지 못한 자신의 삶을 방어하고 싶어 한다. 손가락을 자르는 조르바의 대담한 행위는 그런 한계에 대한 저항의 표상이다.

조르바는 삶이라는 절대 모순에 저항한다. 반면 우리는 절망한다. 하지만 우리가 이 절대 모순 앞에서 절망감조차 느끼지 못할 때 그것은 생물학적으로 숨만 쉬며 생을 연명하는 것일 뿐, 존재론적으로는 무의미한 삶이 아닌가. 조르바가 나를 매료시키는 것은 삶이 빚어내는 그 괴리 때문일지도 모른다. 조르바는 이 거대한 절망 앞에 고상함이나 지성이라는 가면으로 가리지 말고 당당하게 맞서 싸우라고 요구한다. 이처럼 깊고 뜨거운 요구 앞에 우리 같은 범인들은 다시 절망하게 되지만….

또 다른 조르바를 꿈꾼다

조르바의 대담하고 거침없는 삶이 날것 그대로 펄떡거리는 것은 단연 카잔차키스가 빚어낸 글의 힘 덕분이다. 그의 글은 늘어지거나 처짐이 없다. 멋진 표현을 쥐어짜내기 위해 잔재주를 드러낸 흔적도 없다. 그야말로 웅혼한 필력이다. 카잔차키스의 삶과 시선이 그런 힘을 배양했기 때문에 가능한 일이다. 조르바와 작별하는 장면에서도 그는 끝내 잔인할 만큼 태연했고 두려울 만큼 도도했다.

사랑하는 친구와의 작별을 오래 끄는 것은 못 할 일이다. 단칼에 떠나보내는 것이 더 좋다. 그러면 인간의 자연스러운 풍토인 고독으로 되돌아올 수 있으니까.

어쩌면 그건 작별이 아닐 것이다. 이미 그는 '또 다른 조르바'가 되어 있었기 때문이다. 술을 마실 때는 술이 되고, 키스할 때는 키스만 생각한다는 자유로운 조르바가 심장에 박히지 않는다면 어찌 인생이라는 사막에서 숨을 쉴 수가 있단 말인가. 카잔차키스는 조르바가 "펜대 굴리는 사람이 구원을 얻기 위해 필요로 하는"것을 갖춘 인물이라며, 그에게서 구원을 얻었음을 절절히 고백한다.

헤세의 나르치스와 골드문트는 서로에게서 자신에게 없는 점을 발견하지만 끝내 그것을 채울 수 없음에 절망한다. '나'와 조르바는 애당초 그런 이분법적 관계를 거부한다. 이분법적 사유가 끝내 돌림노래처럼 되풀이될 수밖에 없는 인식론적 공회전임을 간파했기 때문이다.

"보스, 당신 같은 사람이 어떻게 이해하겠습니까?" 그가 어깨를 들썩이며 말했다. "내가 온갖 일을 다 했다고 아까 말했지요. 그래서 한때는 옹기장이 노릇을 했어요. 아주 그 일에 완전 미쳤었지요. 흙 한 덩어리를 집어 들고서 그걸로 자기가 원하는 질그릇을 마음대로 만들어낼 수 있다는 게 무슨 뜻인지 아십니까? 녹로와 흙덩이리는 슈웃 소리를 내면서 미친 듯이 돌아갑니다. 그러는 동안 당신은 그걸 쳐다보며 '주전자를 만들어야지.' '쟁반을 만들어야지.' '등유 램프를 만들어야지.' '악마가 아는 걸 만들어야지.' 하고 말하는 겁니다. 그런 순간에 당신은 진짜 인간이 되는 겁니다. 자유!"

진짜 인간, 자유의 인간! 우리는 그동안 의무의 삶을 충실히 배워왔다. 집에서도, 학교에서도, 사회에서도. 그러나 정작 권리의 삶을 제대로 배우진 못했다. 지성도 권리보다 의무에 더 충실하도록 우리를 이끈다. 말로는 권리의 삶을 떠들지만, 의무의 삶만 강요한다. 그리고 우리는 그 삶에 길들여진다. 길들여진 내 삶을 돌아보고 그것을 조금이라도 떨치고 싶을 때, 자유를 한 뼘이라도 더 가까이 느끼고 싶을 때 나는 조르바를 찾는다. 그리고 매번 내가 넘지 못할 경지의 조르바를 보면서 절망감과 야성의 꿈을 똑같은 무게로 내 삶의 저울에 담는다. 대담하게 권리의 삶에 충실하라고 스스로를 채근하면서 결국 그러지 못한 채 절망하는 자신을 발견할 것을 뻔히 알면서도 그를 다시 만난다. 고약한 영감탱이 같으니라고! 그럴 때마다 조르바는 빙긋 웃으며 말한다.

"보스, 산다는 게 뭘 의미하는지 아시오? 허리띠를 풀고 말썽거리를 만드는 게 바로 삶이오!"

다시 읽은 고전

무진기행

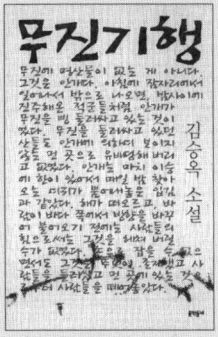

김승옥 지음,
문학동네, 2004

1964년 10월 〈사상계〉에 발표된 김승옥의 단편소설. 1960년대 산업화가 급격히 진전되면서 벌어지는 여러 사회 병리적 현상들, 배금주의, 출세주의, 도시지향성 등을 안개 자욱한 무진을 배경으로 주인공의 허무주의적인 시각과 함께 그리고 있다. 서른셋의 나는 돈 많은 미망인을 만나 결혼해 출세가도에 올라 있다. 그는 어머니의 묘가 있고, 어린 시절을 보낸 무진으로 내려간다. 그곳에서 여러 사람들을 만나고 일상을 벗어나고자 하는 충동을 느낀다. 상경을 요구하는 아내의 전보를 받고, 일상으로 회귀할 것인지 일탈할 것인지에 대해 갈등을 한다.

김승옥 1941~

1941년 12월 23일 일본 오사카에서 출생. 1945년 귀국하여 전남 순천에서 성장하였다. 1962년 단편 「생명연습」이 〈한국일보〉 신춘문예에 당선되어 등단하였다. 1964년 「역사」, 「무진기행」 등을 발표하며 전후세대 작가를 넘어선 것으로 인정받기 시작했으며, 문명사회로부터 소외되고 꿈과 생명력을 상실한 현대인의 삶을 조망한 「서울, 1964년 겨울」로 1960년대 문학을 대표하는 작가로 인정받았다. 감각적인 문체, 언어의 조응력, 배경과 인물의 적절한 배치, 소설적 완결성 등 소설의 구성원리 면에서 새로운 기원을 열었다는 평가를 받는다.

전설로 남은
현대소설의 정수

찰나의 인연이지만 오래 기억에 남았던 경험이 누구에게나 있을 것이다. 문학에서도 그런 경우가 있다. 내게는 김승옥의 「무진기행」이 그랬다. 이 작품은 짧은 단편이지만 한국문학의 정수가 압축적으로 담겨 있었다. 작가 김승옥 역시 다작의 작가가 아니고 작품 활동의 기간도 매우 짧았다. 그는 1980년대에 스스로 펜을 꺾어 많은 이들을 놀라게 했다. 그런 그가 지금 펜 대신 붓으로 자신의 이야기를 계속하고 있는 것이 그나마 다행이랄까.

2016년에 혜화동 동성고등학교 옆 갤러리에서 열린 김승옥 전시회에서 그를 만났다. 그는 어눌한 말투로 소설 대신 그림으로 자신의 이야기를 하겠다고 말했다. 솔직히 그의 그림은 전문화가의 작품이라기보다는 문인화에 가까워 보였지만 소설의 기운이 담긴 색감을 보니 반가웠다. 40년 가까이 선망해온 작가를 만날 수 있다는 건 행운이었다.

학창시절에 만난 천재작가

고등학교 1학년 중간고사가 끝난 뒤 「무진기행」을 처음 읽었다. 요즘에는 흔한 일은 아니겠지만 당시만 해도 문청에 버금가는 문학 청소년들이 제법 있었다. 지금은 엉뚱하게(?) 대기업 이사로 있지만 당시에는 문학을 사랑했던 친구가 내게 김승옥 소설을 꼭 읽어야 한다며, 김승옥을 빼놓고 한국소설을 논할 수 없다며 열을 올렸다. 그 친구의 성화에 못 이겨 중간고사 끝나고 학원 가는 길에 종로서적에 들러 그 소설을 사서 읽었다. 도대체 어떤 소설이기에 그 녀석이 침을 튀겨가며 강력하게 추천했는지 궁금했다. 만약 읽어보고 별로라고 판단이 되면 그 녀석의 문학관 전체를 무시할 생각이었다.

먼저 읽은 건 「서울, 1964년 겨울」이었다. 친구 녀석은 「무진기행」을 먼저 읽어야 한다고 했지만, 나는 김승옥 소설의 절정이라는 작품을 먼저 읽고 가볍게 판단할 생각이었다. 그리고 나는 김승옥이라는 천재를 만났다. 단편을 그토록 천천히 아프게 읽었던 적이 없었다. 세 명의 등장인물이 넋두리처럼 내뱉는 말들이 거의 전부인 이야기에 불과하지만, 그들이 뱉어내는 대사에는 소시민의 자의식이 과장도 없이 그대로 담겨 있었다. 마치 그들이 있는 여인숙의 옆방에서 엿듣고 있는 듯한 느낌이 들었다. 내가 곧 만나게 될 삶을 먼저 본 듯한 느낌이었다.

"두려워집니다."

"뭐가요?" 내가 물었다.

"그 뭔가가, 그러니까……."

그가 한숨 같은 음성으로 말했다.

"우리가 너무 늙어버린 것 같지 않습니까?"

―김승옥, 「서울, 1964년 겨울」,『무진기행―김승옥 소설전집1』, 문학동네, 2004)

'너무 늙어 버린 것 같다'는 사내의 말은 모든 살아있는 이들의 마음을 대변하는 독백이기도 하다. 그 슬픔을 사춘기 소년이 온전하게 공감하는 건 어울리지 않아 거리를 두고 싶었지만 저항할 수 없는 묘한 울림을 지닌 작품에 푹 빠져버렸다. 그렇게 읽은 소설이 며칠 동안 머리와 가슴에서 지워지지 않았다. 그리고 그 울림이 지워지기 전에 그 전편에 해당된다는 「무진기행」을 읽었다.

그 작품을 읽으면서 나는 김승옥이라는 작가가 마술사가 아닐까 하는 생각이 들었다. 그토록 평범한 언어로 그토록 모호한 상황과 감정을 상징적으로 묘사해내다니, 천재가 아닌가. 작가가 목격한 1960년대는 4·19혁명의 분출이 시들해진 뒤 쿠데타로 정권을 찬탈한 군인들이 민중을 억압하던 반지성의 시대였고, 장밋빛 기대로 본질을 분칠한 시대였다. 훗날 김승옥은 "1960년대를 고려하지 않는다면 내가 써낸 소설들을 한낱 지독한 염세주의자의 기괴한 독백일 수밖에 없을 것"이라고 고백한 바 있지만, 그러한 시대였기에 그의 소설은 염세적 독백일 수 없었다. 난 그의 소설에서 리얼리즘 작가들의 그것처럼 아프되 정직한 서술을 목격했다. 하나 내가 정작 그의 소설에 매료된 건 예리한 감각이 올올이 살아 숨 쉬는 묘사 때문이었다.

그의 작품「생명연습」에 나오는 "가을 햇살이 내 에나멜 구두 콧등에 오물거리고 있었다" 같은 문장이나 다음과 같은 대목들이 그러했다. 그의 감각적이면서도 상징성을 담고 있는 언어들이 좋았다. 지나치게 세련되고 현학적으로 보일 수도 있지만 내게는 그저 신선하게 다가왔다.

"련민! 련민!"
두음법칙 따위가 어감의 감손減損을 가져온다면 그건 정말 슬픈 일이 아닐 수 없다고 하면서 그는 기어이 '연민'을 '련민'으로 발음하며 쓸쓸해하였는데 그 '련민'의 음영陰影도 최음제 사건 이후 퍽 많이 변해 있었다.
—김승옥,「생명연습」(같은 책)

"어감의 감손"이라는 표현은 지금의 시각에서 보면 지나치게 문어체적이거나 현학적인 표현일 수 있겠지만, 내게는 탁월한 묘사로 여겨졌다. "어제와 오늘과 그리고 내일을 순조롭게 연속시켜주는 것을 붙잡아둬야 한다"와 같은 문장은 시간에 대한 나의 사고마저 흔들기에 충분했다. 아무리 용을 써도 김승옥 같은 작가는 되지 못하겠구나, 하는 절망감도 들었지만 이토록 영롱하게 세상과 언어를 빚어내는 작가를 만나는 것이 그저 기뻤다. 그는 국어시간에 지겹게 듣던 이광수, 김동인 같은 소위 '꼰대' 작가가 아니라 나보다 조금 이른 나이에 세상에 나온, 나와 동시대인이라는 사실만으로도 반가운 작가였다.

김승옥은 고작 24편의 소설을 쓰고 이른 나이에 절필한 천재작가로만 기억하고 있었다. 그가 절필한 이후 이따금 종교적 색채가 짙은 글을 쓰고 있다는 걸 알게 되었고, 몇 편 읽어보기도 했다. 그러나 그 글에는 예전 김승옥의 향기가 배어 있지 않아서 다시 읽고 싶지 않았다. 어쩌면 어린 시절의 벼락 같은 강렬한 이미지로만 그를 기억하고 싶었는지도 모른다. 다시는 그 같은 작가가 출현하지 못할 것이라는 슬픈 예감마저 들었다.

> 추억이란 그것이 슬픈 것이든지 기쁜 것이든지 그것을 생각하는 사람을 의기양양하게 한다. 슬픈 추억일 때는 고즈넉이 의기양양해지고 기쁜 추억일 때는 소란스럽게 의기양양해진다.
>
> ―김승옥, 「서울, 1964년 겨울」(같은 책)

그의 말처럼 내게 김승옥은 생각하는 것만으로도 의기양양하게 하는 힘이었다. 혜성처럼 등장했다가 혜성처럼 사라지는 것이 천재의 운명일까. 김승옥의 절필은 그의 신화를 더 강렬하고 안타깝게 만드는 역할을 했던 것 같다. 김승옥 이후의 작가들이 그만큼 눈에 띄는 역할을 하지 못했다는 개인적 판단에 안타까움은 더욱 짙어졌다. 물론 이후 뛰어난 작가들은 많았다. 그러나 적어도 내가 열일곱 살 때 그의 단편에서 느꼈던 그런 천재성을 발견할 수 있는 작가들은 많지 않았다. 우리 문학의 슬픔이다.

시대상과 보편성을 담아내다

다시 그의 소설을 차분히 음미해봐야겠다고 여긴 건 두 가지 이유 때문이었다. 하나는 2016년에 나의 저서『엄마 인문학』이 순천시 '한 도시 한 책'에 선정되어 몇 차례 강연을 다녀왔는데 그곳에 김승옥문학관이 있어서 그가 떠올랐기 때문이다. 김승옥이 일본에서 태어나 순천에서 자랐으며「무진기행」의 무대가 순천이었음을 새삼 다시 깨달았다. 그리고 다른 하나의 이유는 앞서 언급한 그의 전시회에서 그를 만났기 때문이다. 그의 단편을 우리 현대소설의 모범이라고 여겨왔던 나의 생각이 여전히 유효한지 확인해보고 싶었다.

결론적으로「무진기행」은 지적이고 감각적이며 우리 현대소설의 백미라는 생각에 변함이 없다. 회화적인 묘사에 치중한 듯 보이지만 은유적으로 당대를 비판하고 있는 점은 다시 읽으면서 발견한 부분이다. 군사 쿠데타, 급속한 산업화와 도시화 등으로 절망과 혼란을 느낀 당대인들의 심정과 인간의 정체성에 대한 근원적 물음이 짧은 소설 속에 녹아 있었다. 공동체는 해체되고 개인은 파편화되어 고독과 소외에서 벗어나지 못하는 현실이 모자이크처럼 여러 장면에 도사리고 있었다.

소설의 줄거리는 다음과 같다. 주인공인 '나'는 재혼한 아내와 장인의 도움으로 제약회사 전무 자리를 보장받은, 세속적으로 제법 성공한 사람이다. 어느 날 그는 어머니의 묘가 있고 어린 시절을 보낸 무진으로 내려간다. 잠시 동안의 휴가인 셈이다. 그곳에서 그는 고향 친구와 후배, 그리고 음악교사 하인숙을 만난다. 하인숙과의 외도로 그는 마음이 흔들리고 무진에 남을지, 서울로 돌아갈지 선택의 기로에 서서 괴로워한다.

소설에서 무진과 서울은 대비되는 공간이다. 서울은 일상의 공간이며 독재시대와 산업화의 난맥들이 얽혀 있는 곳이다. 아내가 있고, 직장이 있는 곳이다. 현실의 공간이다. 반면 무진은 탈일상의 공간이다. 가공의 공간이며 '안개'가 드리운 곳이다. 아름답지만 몽환적인 공간이다. 주인공이 무진으로 향한 것은 일종의 탈출이다. 탈출은 꿈이다. 그러나 결국 그는 아내가 있는 서울로, 현실로, 꿈도 없는 공간으로 돌아가야 한다. 그가 겪는 내적 갈등은 팽팽히 당겨진 시위줄처럼 긴장감이 가득하다. 그럴수록 그는 더욱 무진에 애착을 갖는다. 아득한 장소처럼 여겨지는 무진은 그에게 가장 구체적인 공간으로 다가온다.

> 무진에 명산물이 없는 게 아니다. 나는 그것이 무엇인지 알고 있다. 그것은 안개다. 아침에 잠자리에서 일어나서 밖으로 나오면 밤사이에 진주해온 적군들처럼 안개가 무진을 뺑 둘러싸고 있는 것이었다. 무진을 둘러싸고 있는 산들도 안개에 의하여 보이지 않는 먼 곳으로 유배당해 버리고 없었다. ─김승옥, 「무진기행」(같은 책)

명산물은 일종의 세속적 관심의 대상이다. 값으로 환산하고 돈이나 비용을 치르며 자신의 몫으로 챙기는 훈장이다. 그러나 무진의 명산물인 '안개'는 "이승에 한이 있어 매일 밤 찾아오는 여귀가 뿜어 내놓은 입김"처럼 해가 뜨고 바다가 바람으로 밀어내기 전에는 사람의 힘으로 헤쳐 낼 수 없다. 손으로 잡을 수는 없지만 엄연히 존재하는 것. 그것은 어쩌면 삶의 모든 순간들인지 모른다. 그런 점에서 안개 가득한 무진은 누구나 마음에 품고 있는 마지막 피난처이다.

한편 무진은 떠나온 고향이기도 하다. 떠나온 고향은 두 가지를 의미한다. 하나는 자기 존재의 공간적 근원이며, 다른 하나는 그 안에 담긴 기억이다. 살가운 기억도, 참담하고 끔찍한 기억도 그 안에 배어 있다. 주인공의 기억을 함께 공유한 고향 친구와 후배들이 그를 바라보는 상은 다양하다. 선망하는 이, 속물로 보는 이, 무진 탈출의 동아줄로 여기는 이 등은 그의 정체성이 다양함을 보여준다. 또한 그가 내적으로 갈등할 수밖에 없음을 암시적으로 보여주기도 한다.

상경을 요구하는 아내의 전보로 인해 '나'는 선택의 기로에 놓이게 된다. 아내의 요구가 거부할 수 없는 현실의 엄연함이라면 함께 정을 나눈 하인숙에게 쓴 편지는 그의 갈망이다. 그가 끝내 전하지 못하고 찢어버린 편지, 부끄러움을 느끼게 한 그 편지는 이룰 수 없는 꿈을 의미한다. 서울로 돌아가는 '나'의 참담한 모습은 안개가 덮어준다.

사회라는 틀에서 벗어나 개인으로 시선을 돌리다

소설은 주인공이 무진으로 떠나는 장면으로 시작해 "당신은 무진읍을 떠나고 있습니다. 안녕히 가십시오"로 끝난다. 그러니까 나의 여정은 안개를 찾아간 후 안개에서 벗어나는 여정이다. 무진을 떠날 수밖에 없는 나는 심히 부끄러움을 느꼈다. 왜 그랬을까. 현실을 택해야 하는 무기력함과 도덕적으로 흔들리는 자신의 모습에 대한 부끄러움이자 과거와 단절하고 근대로 편입해가는 것에 저항하지 못하는 부끄러움이다.

무진에서 만난 중학교 후배이자 국어교사인 '박'은 과거에 순수했던 '나'의 모습이다. 순수하지만 비현실적이고 가난한 후배의 모습을 나는 선택하지 못한다. 고등고시에 합격해 세무서장이 된 동창 '조'는 출세지향적인 인물로 나를 선망하지만 그것은 무진을 벗어나 '대처'인 서울로 진출한 것에 대한 부러움일 뿐이다. 무진이라는 답답한 공간에서 벗어나는 것을 갈망했던 음악교사 하인숙은 변방인의 모습이다. 어쩌면 주인공이 그녀에게 짧은 기간 사랑을 느끼고 자신을 던진 건 자신의 모습과 가장 가깝다고 여겼기 때문일지도 모른다. 하인숙이 부르는 노래에서도 변방인의 모습이 드러난다. 오페라 아리아 〈어떤 개인날〉과 유행가 〈목포의 눈물〉을 부르는 그녀의 모습에서 세련된 오페라를 추구하는 이와 솔직한 감성을 드러내는 유행가를 추구하는 이들의 모습이 겹쳐 보인다.

김승옥은 이렇게 개인과 주체 그리고 자아의 모습을 감각적으로 표현하고 있다. "사회라는 틀에서 벗어나 개인으로 시선을 돌려 개인의 감성과 감각에 의해 포착되는 현실을 치밀하게 묘사"했다는 그에 대한 평가는 매우 적절하다. 오랜 절필에도 불구하고 그의 작품이 활발하게 번역되고 소개되는 것은 그의 작품이 세계적으로도 보편적 가치를 지니고 있음을 의미하는 것이라 할 수 있다. 개인적으로 그의 그림보다 글을 보고 싶은 마음이 간절하지만, 전작을 능가하지 못한다면 그대로 전설로 남는 것이 나을지도 모르겠다는 생각이 든다.

다시 읽은 고전

위대한 개츠비

프랜시스 스콧 피츠제럴드 지음,
김영하 옮김, 문학동네, 2009

20세기 미국문학을 대표하는 장편소설. 무능력한 부모에게서 태어난 개츠비는 성공의 야망을 품고 육군 장교가 되어 데이지와 만나지만 데이지는 돈 많은 남자 뷰캐넌과 결혼한다. 개츠비는 술을 밀조하여 엄청난 부를 누리게 되고, 사랑하는 여인 데이지를 얻기 위해 저택을 사고 매일 같이 대규모 파티를 연다. 오직 사랑하는 여인을 얻기 위해 살아온 개츠비의 삶을 통해 1920년대 재즈시대의 변질된 '미국의 꿈'과 부와 사랑에 대한 문제를 예리하고 섬세하게 포착해낸 작품이다.

프랜시스 스콧 피츠제럴드 Francis Scott Key Fitzgerald, 1896~1940

1896년 미네소타주 세인트폴에서 태어났다. 프린스턴대학교를 졸업하고, 1차 세계대전에 참전했다. 제대 후 광고 회사에 취직하였으나, 금방 그만두고 글쓰기에 전념하였다. 1920년에 발표한 『낙원의 이쪽』으로 '전후 새로운 세대의 선언'이라는 평가를 받았다. 1924년 유럽으로 건너가 프랑스 등에 머물며 어니스트 헤밍웨이, 거트루드 스타인, 에즈라 파운드 등과 함께 활동했다. 이 시기에 『위대한 개츠비』를 집필했다. 전후 미국 사회를 뒤덮은 공허함과 환멸로부터 도피하고자 방탕한 삶을 즐기는 상류사회의 모습을 잘 드러낸 이 작품은, '20세기 가장 위대한 미국 문학'으로 평가받기도 한다.

일그러진 욕망의 초상

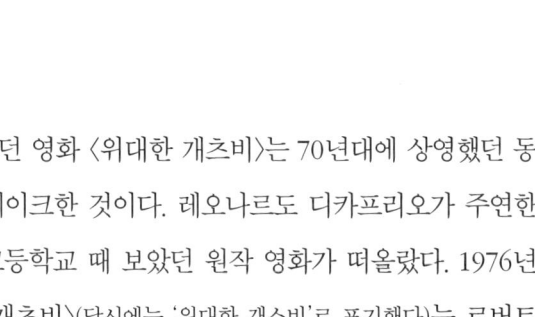

2013년에 개봉했던 영화 〈위대한 개츠비〉는 70년대에 상영했던 동명의 영화를 리메이크한 것이다. 레오나르도 디카프리오가 주연한 영화를 보면서 고등학교 때 보았던 원작 영화가 떠올랐다. 1976년 버전의 〈위대한 개츠비〉(당시에는 '위대한 갯스비'로 표기했다)는 로버트 레드포드, 미아 패로우가 열연을 펼친 영화였다. 나는 70년대의 영화가 최근의 것보다 원작에 충실할 뿐 아니라, 시대 고증도 더 훌륭했다고 생각한다.

고등학교 시절, 중간고사가 끝난 후 명동에 있던 음악감상실에서 무겁고 심각한 음악을 듣다가 도저히 못 참고 중간에 나온 일이 있었다. 버스정류장으로 가다가 중앙극장에 걸린 〈위대한 갯스비〉 간판을 보고 무엇에 홀린 것처럼 영화관에 들어갔다. 당시 미성년자 관람불가 영화였을 텐데 평일 낮에 학생이 올 리 없다고 여겼는지 누구 하나 제지하지 않았다. 그곳에서 본 영화는 무척이나 화려했다. 색상의 배열과 대비가 강렬하게 다가왔다. 백지 같은 미아 패로우의 연기가 무엇보다 인상 깊었다. "여자는 예쁜 바보가 되는 게 최고야!" 데이지의 대사는 영화를 관통하는 주술과 같았다.

영화에 흠뻑 빠진 나는 명동에서 종로2가의 종로서적까지 걸어가서 원작소설을 샀다. 그리고 집에 돌아가는 길, 버스에서 읽기 시작한 소설을 밤새도록 놓지 못했다. 소설을 읽으면 영화의 모든 장면이 떠올랐다. 영화에서 닉이 죽은 새를 줍는 장면이 있었는데 소설을 읽으면서 그게 복선이었음을 뒤늦게 깨달았다. 그 장면은 닉이 죽은 개츠비를 거둬들이는 것을 상징했다.

영화도 소설도 내게 답을 주지 못한 게 하나 있었다. '도대체 뭐가 위대하다는 거지?' 영화는 개츠비가 죽은 뒤에도 모두 아무렇지 않게 일상을 살아가는 모습을 보여준다. 모두에게 잊혀진 개츠비가 왜 위대하다는 건지 도무지 알 수 없었다.

무모하고 순수한 욕망

소설의 주인공인 개츠비를 한마디로 요약해서 말하기는 쉽지 않다. 출신도 미천하고 가난했던 청년 개츠비는 맹목적으로 사랑했던 상류층 여인 데이지를 다시 만나기 위해 대저택을 사서 매일 파티를 연다. 데이지의 친척이자 소설의 화자인 닉 캐러웨이는 두 사람의 관계를 보면서 묘한 긴장감을 느낀다. 개츠비는 베일에 싸인 인물이었다. 오로지 데이지의 옛 연인이었다는 것과 엄청난 부자라는 것

말고는 아무것도 알려진 바가 없다. 개츠비의 출신이 어떠한지, 어떻게 부를 얻었는지 등을 작가는 설명하지 않는다. 그저 파티에 참석한 사람들의 입방아로만 그 조각들을 슬쩍 던져놓을 뿐이다.

서른 살에 신분 상승을 위해 중서부에서 동부로 이주해온 닉은 개츠비를 동경하기도 하고, 경멸하기도 하면서 사태를 관망한다. 그 과정에서 그가 동경하던 상류층 삶의 속살을 바라보니 혼란스럽다. 그럴수록 개츠비의 무모하고 저돌적인 사랑이 조금씩 이해가 된다. 물론 완전히 이해하거나 동조하지는 않는다. 미묘한 긴장은 끝까지 이어진다. 그러다가 개츠비가 어처구니없는 오해로 허무하게 죽음을 맞았을 때, 닉은 온전히 개츠비라는 인간에게 동화된다.

수단과 방법을 가리지 않고 부를 축적한 개츠비. 그러나 데이지에 대한 사랑만은 순수하며 변함없었다. 데이지를 향한 그의 사랑이 신분의 격차로 인해 생긴 상실감을 보상받기 위한 욕망일지라도 적어도 그의 욕망은 순수했고 그 사랑은 무모할망정 지순했다. 그의 사랑은 실패했지만 그 사랑을 향해 이카루스처럼 날아가는 위대함을 지녔다. 성공한 삶과 고상한 인격만이 위대한 것은 아니다. 그것은 위대함의 역설^{paradox}인 동시에 역설^{力說}이다.

그런 개츠비가 욕망했던 데이지는 어떠했는가. 개츠비의 허망한 죽음에 원인을 제공했던 데이지의 삶에는 아무런 변화가 없다. 적어도 겉으로 보기에는 그렇다.

데이지가 특별하다는 것은 알고 있었지만, 그가 몰랐던 것은 '상류층' 여성이 어디까지 특별해질 수 있는지였다. 그녀는 개츠비에게는 아무 미련도 없이 자신의 부유한 가족에게로, 풍족하고 넉넉한 인생으로 돌아가 버렸다.

데이지의 모습은 재즈와 광란의 시대로 일컬어지는 1920년대 미국 동부 상류층의 가장 전형적인 여성상인지도 모른다. 또한 물질적 풍요 속에 정신적으로는 공허하고 겉으로는 화려할지 모르지만 속은 텅 빈 속물적 삶의 덧없음을 그대로 대변한다.

아메리칸 드림이 얼마나 허구적인 것인지 그리고 어떻게 몰락하는지를 이 소설은 상징적으로 보여준다. 이 작품이 '로스트 제너레이션'의 대표작으로 꼽히는 이유다. T.S. 엘리엇은 이 작품을 "헨리 제임스 이후 진정한 미국 소설의 첫발을 내디딘 작품"으로 평했다. 무라카미 하루키가 그의 열렬한 팬이었으며 이 작품을 직접 번역까지 했다는 것은 잘 알려진 사실이다. 그런 점에서 국내에서는 문학동네에서 나온 작가 김영하의 번역본이 눈에 띈다.

비현실이 때로는 현실을 이긴다

개츠비의 사랑은 비현실적이다. 오로지 데이지를 쟁취하기 위해 부를 축적하고, 조용한 스토커처럼 그녀의 곁을 맴돌다 끝내 자신의 세계에 그녀를 들어오게 하는 그의 행위가 집요함이나 무모함으로만 보이지는 않는 것은, 데이지 주변의 상류층 부자들에게서는 발견할 수 없는 순수함 때문이다. 작가는 개츠비의 죽음을 통해 그의 삶이 무모할지언정 무의미한 것은 아니라고 은유적으로 말한다. 불가능하다고 포기하는 것이 아니라 실패할지라도 끝까지 돌진하는 그 무모한 정열이야말로 현실을 능가하는 힘이라는 것을 보여준다. 그의 죽음은 타락한 현실을 직설적으로 비판하는 상징이기도 하기에 그러한 은유는 더욱 분명해진다. 피츠제럴드는 닉의 입을 통해 개츠비의 정당성을 다시 입증한다.

> 인간의 개성이라는 게 결국 일련의 성공적인 제스처라고 한다면, 그에겐 정말 대단한 것이 있었다. 1만 마일 밖의 흔들림까지 기록하는 지진계처럼 그는 인생에서 희망을 감지하는 고도로 발달된 촉수를 갖고 있었다. 그러한 민감성은 '창조적 기질'이라는 미명하에 흔히 미화되곤 하는 진부한 감성과는 차원이 달랐다. 희망, 그 낭만적 인생관이야말로 그가 가진 탁월한 천부적 재능이었으며, 지금껏 그 누구도 갖지 못했고 앞으로도 그러할 성질의 것이었다. 그래, 결국 개츠비가 옳았다.

어쩌면 사랑은 '무모한 열정'의 결과물인지도 모른다. 셈이 앞서고 의도를 파악해야 움직이는 일상의 삶에서 과감하게 벗어날 수 있는 유일한 용감성이 사랑 말고 또 있는가. 소설에 등장하는 인물들은 하나같이 속물적이지만, 오로지 개츠비만이 거기에서 벗어나 있다. 물론 그의 사랑도 무모하고 속물적이다. 그러나 셈이 앞서고 체면을 따지는 속물성은 아니다. 그의 속물성은 소유와 자기성취에 몰입해 있다는 점에서 그럴 뿐이다.

환상의 생생함 때문이다. 그것은 그녀를 넘어서고, 모든 것을 넘어섰다. 그는 독보적인 열정을 가지고 그 환상 속에 뛰어들어, 하루하루 그것을 부풀리고 자신의 길에 날리는 온갖 밝은 깃털로 장식해왔던 것이다. 아무리 큰 불도, 그 어떤 생생함도, 한 남자가 자신의 고독한 영혼에 쌓아올린 것에 견줄 수 없다.

고등학생 시절에 만난 개츠비는 그저 무모하고 속물적인 인물로만 보였다. 그러나 대학생 때 읽은 소설은 결이 달랐다. 그리고 나이가 더 들어 다시 보니 또 다르게 읽힌다. 비현실이 현실을 이기는 유일한 영역이 바로 사랑이다. 현실을 이겨낼 수 있는 비현실은 이미 그 자체로 위대할 수밖에 없다. 나는, 우리는 과연 그런 지독한 사랑을 해본 적이 있는가.

개인적으로 피츠제럴드의 단편을 좋아했다. 학부 시절 미국문학 수업 시간에 과제로 읽었던 그의 단편집 『재즈 시대의 이야기들』에는 주옥같은 작품들이 가득했다. 인간의 근원적 욕망을 독특한 상상력으로 그려내는 그의 소설들이 좋았다. 그 단편집의 한 작품인 「벤자민 버튼의 시간은 거꾸로 간다」의 기발함은 지금도 또렷하게 기억난다. 이 작품 또한 영화로 만들어졌다. 기발한 발상과 회화적인 매력이 빛나는 그의 작품은 영화와도 꽤 잘 어울린다. 쾌락과 우아함, 속물근성과 고상함 등의 모순이 다양하게 얽혀 있는 인간의 삶을 경쾌하게 그려내는 그의 작품은 내 학부생활을 즐겁게 해주었다.

피터 셰퍼의 희곡 『아마데우스』를 읽으면 저절로 밀로스 포먼의 영화 〈아마데우스〉의 장면과 OST가 떠오르는 것처럼, 나는 『위대한 개츠비』를 읽을 때마다 고등학교 시절 우연히 보았던 그 강렬한 영화의 모든 장면들이 파노라마처럼 스쳐 지나간다. 개츠비는 속물근성과 허영과 허위를 그대로 안고 있는 당대의 대표적인 인물이었다. 그러나 그것들을 무모하게 깨뜨리며 자신의 모든 것을 걸고 사랑을 쟁취하고자 했던 열정적이고 순수한 인물이었다.

피츠제럴드는 개츠비를 통해 순수와 허상이라는 상반된 개념이 한 인간 안에서 부유하며 무모한 열정으로 그것을 이겨내는 모습을 그렸다. 그것이 1920년대 미국에서만 가능한 일일까. 우리는 자꾸만 왜소해지는 건 아닐까. 세상에 순응하면서 영리하게 잇속을 챙기는 것에는 진화했는지 모르지만, 삶의 열정을 상실하며 위대함과 점점 멀어지는 퇴화를 거듭하고 있는 건 아닌지 스스로에게 묻게 된다. 현실이 전부가 아닌데.

다시 읽은 고전

설국

가와바타 야스나리 지음,
유숙자 옮김, 민음사, 2002

1948년 발표되었고, 일본 근대 서정문학의 대표작으로 손꼽히는 작품이다. 도쿄에 사는 시마무라는 설국의 기생인 고마코의 관능과 매혹에 끌려 눈의 지방 온천장을 세 번이나 찾아가게 된다. 그리고 그곳에는 또 다른 여인, 순수하고 아름다운 소녀 요코가 있다. 시마무라는 이 두 여인에게 동시에 마음이 끌리게 되고, 이 두 여인은 현실에 발을 디디고 살지 못하는 시마무라를 현실 세계로 인도하는 존재들이다. 설국의 풍물을 함축성 있게 관능적으로 묘사했으며, 서정적인 아름다움이 잘 드러난 작품이다.

가와바타 야스나리 川端康成, 1899~1972

1899년 오사카 출생. 도쿄대학을 졸업한 후 요코미쓰 리이치 등과 함께 〈문예시대〉를 창간했으며 신감각파의 일원이 되었다. 『이즈의 무희』, 『수정환상』, 『서정가』, 『금수』 등을 발표했다. 『설국』으로 노벨문학상을 수상했다. 격변하는 쇼와 시대에 갖가지 전위문학적 실험을 거듭했으며, 전통적인 일본의 아름다움 속에 자신만의 독자적인 문학세계를 구축했다. 제자인 미시마 유키오가 자결한 뒤 얼마 되지 않아 자살하였다.

그땐 미처
알지 못했던 감정들

첫 문장이 중요하다. 첫 문장은 전체 글의 얼굴과도 같다. "행복한 가정은 모두 비슷하지만 무릇 불행한 가정은 불행한 이유가 제각각 다르다"의 『안나 카레니나』(톨스토이)와 "국경의 긴 터널을 빠져나오자, 눈의 고장이었다"의 『설국』(가와바타 야스나리)은 빼어난 첫 문장의 대표적인 사례다. 특히 『설국』의 첫 문장은 소설 제목과 완벽하게 일치할 뿐 아니라, 소설 전체를 지배하는 문장이기도 하다.

개인적으로 일본 소설을 그다지 좋아하지 않았다. 지금도 여전히 그런 편이다. 국수적인 이유 때문은 아니다. 담백하면서도 섬세하고 농밀한 나쓰메 소세키의 소설은 꽤나 좋아한다. 내가 일본 소설에 그다지 호의를 갖지 않게 된 건 가볍고 트렌디한 성향의 작품들이 많아서 읽고 나면 시간이 아깝다는 생각이 종종 들었기 때문이다. 물론 그러한 작품들도 다시 읽고 나서 내가 간과한 의미나 구성의 절묘함 등을 느끼게 되는 경우도 있어서 이제는 그런 자의적이고 단편적인 판단은 경계하려고 한다.

이해할 수 없는 감정, 이해할 수 없는 소설

중학교 때 문고판으로 『설국』을 처음 읽었다. 소설의 분량이 많지 않고, 글의 감각이 맛깔나서 읽는 데에 크게 어려움은 없었다. 세계 문학을 섭렵한다는 만족감에 도취돼 있기도 했다. 그러나 소설이 담고 있는 묘미를 다 알기는 어려웠다. 그래서 '흥, 별거 아니네!' 하는 이죽거림으로 끝이었다. 이 소설을 다시 읽게 된 건 대학 입학 본고사를 마치고, 눈 쌓인 지리산으로 가는 밤 기차를 탔을 때였다. 설산으로 가는 설렘이 가득 찬 그때에 어울리는 소설로 『설국』이 제격이라 생각해 가방에 챙겼다.

조명도 침침한 야간열차에서 그 소설을 다시 읽었을 때의 느낌은 중학교 때의 그것과는 전혀 달랐다. 그래봐야 고작 4~5년이 지난, 사춘기 끝자락이었는데 말이다. '난 그때 도대체 뭘 읽었던 거지!' 스스로 책망하면서 차분히 다시 읽어내려 갔다. 오히려 중학생 시절에는 속독으로 줄거리를 쭉 훑었을 뿐인데, 열차에서 다시 읽었을 때는 빠르게 읽을 수가 없었다. 모든 장면이 그대로 눈에 밟히고, 목소리들이 소곤거렸다. 그러나 나긋나긋하지는 않았다.

> "처음 만났을 땐 당신이 정말 싫더군요. 그런 실례되는 말을 하는 이는 또 없을 거예요. 정말 싫었어요."

도대체 이게 무슨 말인가. 대놓고 뜨겁게 '사랑한다' 말하지는 않지만 시마무라와 고마코는 서로 깊은 애정을 지닌 남녀 관계로 보였다. 이 소설을 처음 읽었던 그때, 중학생의 어린 소년에게 여인이 뱉은 차가운 대사의 무게는 버거웠거나 아니면 전혀 공감할 수 없는 성질의 것이었다. 그러나 사내는 그저 고개를 끄덕일 뿐 반박하지 않는다. 그러자 여자는 그런 수긍에 더 화가 난 듯 따진다.

"어머, 지금까지 제가 그걸 말 않고 있었던 걸 아세요? 여자가 이런 말까지 할 정도면 이미 다 끝난 거 아닌가요?"

이쯤이면 모욕의 끝장이다. 적어도 남녀의 관계에서, 그것도 사랑이 개입된 관계에서라면 말이다. 나는 여자의 이 말에 속으로 발끈했다. 그러나 남자는 여전히 태연했다. "괜찮아." 참 한심하고 고약한 남자다. 혹여 그런 남자가 될까 두려웠다. 그런 감정이 틈입하자 더 이상 소설에 집중할 마음이 생기지 않았다. 적어도 그때는 그랬다. 솜털 보송보송한 중학생 때뿐만 아니라 대학 들어가기 직전에도 그랬다. 그럴 나이였으니까. 그러다 30대 후반이었는지 40대 초반쯤이었는지 또렷하지는 않지만 그 나이에 『설국』을 다시 읽으면서 사내의 감정을 이해할 수 있을 것 같았다. 아니, 이해가 아니라 공감에 가까웠다. 그러면서 한숨이 나왔다. '나도 늙어가고 있구나.'

이야기는 극도로 단순하다. 하얀 눈으로 덮인 설국에서는 마치 그런 단순함만 허용된다는 듯 단순한 줄거리로 이루어져 있다. 도쿄에서 태어난 시마무라는 물려받은 유산이 상당한 사내다. 시마무라가 설국의 기생 고마코에게 끌려 설국의 온천장을 세 번 찾아가는 것이 이야기의 전부다.

시마무라는 서양 무용에 취미를 갖고 있다. 무용이란 비언어적이며 몸을 가장 아름답게 사용하는 예술이다. 그것 이상으로 직관적인 것이 있을까. 그만큼 관능적인 것이 있을까. 이때의 관능은 에로스가 아니다. 몸 그 자체가 뿜어내는 아우라다.

설국의 기생에게 끌려 세 번이나 온천장을 찾은 사내. 그렇다고 뜨거운 사랑으로 서로를 태우는 것도 아니다. 애처로운 정이 스멀스멀 올라오면서 관망할 뿐이다. 그 관망은 '훔쳐보기' 같은 관음의 눈이 아니라 냉정하고 지적인 관찰의 눈이다. 도대체 이런 사랑이 가능한가. 젊었을 때 이 소설이 따분했던 이유 가운데 하나였다. 자연과 풍속은 아름답게 그려내면서 어찌하여 사랑은 아름답게 그려내지 못하는가. 못내 그게 아쉬웠다. 그러나 나이가 들면서 진짜 사랑은 '애이불비哀而不悲'의 내면을 담고 있는 것임을 조금씩 이해하게 되었다. 첫 문장 다음에 이어지는 두 번째 문장 "밤의 밑바닥이 하얘졌다"는 어쩌면 그런 사랑을 상징하고 있는 것인지도 모른다.

물론 관능이 없는 것은 아니다. 미묘한 삼각관계의 심리도 담겼다. 고마코가 귀여워하고 사랑하는 미소녀 요코의 존재로 인해 세 사람의 관계는 묘한 긴장감이 흐른다. 서로가 한 귀퉁이씩 아귀가 어긋나는 관계. 시마무라의 차가운 시선을 통해 관계의 긴장감이 함축적으로 드러난다.

어느 틈에 다가왔는지 고마코가 시마무라의 손을 잡았다. 시마무라는 돌아보고도 아무 말 하지 않았다. 줄곧 불을 지켜보는 고마코의 약간 상기된 진지한 얼굴에 불길의 호흡이 일렁거렸다. 시마무라의 가슴에 격한 감정이 복받쳐 왔다. 고마코의 머리카락은 흐트러지고 목은 길게 빼져 있었다. 거기로 저도 모르게 손을 가져갈 듯, 시마무라는 손가락 끝이 떨렸다. 시마무라의 손도 따스했으나 고마코의 손은 더 뜨거웠다.

정지된 화면처럼 느껴지는 장면이다. 그러나 화석 같은 모습이 아니다. 손가락 끝이 떨리고 있지 않은가. 그러면서 이미 모든 이야기가 이 장면에 담겨 있다. 지나온 과정도 지나갈 미래도.

소설가 김연수는 『설국』을 "한 젊은 여자의 손이 점점 뜨거워지는 과정을 기록한 관찰"이라고 평했다. 이제 그의 평에 동의한다. 아니 이제야 그것을 이해하는 나이가 된 것이다. 소설은 사랑이나 슬픔에 대해 직설적으로 표현하지 않는다. 일상의 냉정한 시선으로 훑고 지나간 시간과 장면들, 그리고 인물들 스스로도 느끼지 못하거나 언어로 풀어내지 못할 감정을 짧은 문장으로 토해낸다. 야스나리는 감각적으로 정경을 묘사하지는 않는다. 그럼에도 인물과 배경 묘사가 치밀하게 느껴지는 건 의도적으로 냉정한 시선을 유지하기 있기 때문일 것이다.

가늘고 높은 코가 약간 쓸쓸해 보이긴 해도 그 아래 조그맣게 오므린 입술은 실로 아름다운 거머리가 움직이듯 매끄럽게 퍼졌다 줄었다 했다. 다물고 있을 때조차 움직이는 듯한 느낌을 주어 만약 주름이 있거나 색이 나쁘면 불결하게 보일 텐데 그렇진 않고, 촉촉하게 윤기가 돌았다.

한 걸음만 더 나가도 에로틱한 관능이 될 만한 대목인데, 욕정의 감정을 교묘하게 배제함으로써 그 묘사만으로 내면까지 충분히 표현하고 있지 않은가. 고마코에 대한 시마무라의 감정은 그렇게 은유적으로 드러난다. 그 감정을 관능적인 묘사로 옮겨도 '차가운 경련'으로 수렴된다.

아, 나이가 드니 비로소 그게 보이는구나. 이상하게도 나이가 들어갈수록 마음이 끌리는 소설이다. 아마도 예전에는 미처 이해하지 못했거나 공감하기 어려웠던 것들을 바라볼 수 있는 나이가 되었기 때문이겠지. 그걸 공감하고 이해하는 나이가 되었다는 것은 생물학적으로 노쇠해진다는 서글픔이 아니라 이제야 삶의 결들을 제대로 읽어내기 시작했다는 안도감과 대견함이다.

씹을수록 단맛이 난다

나이가 들어가며 더 좋아지는 소설이 있다는 건 행복한 일이다. 날것에서 숙성될수록 그 시간만큼 농밀한 맛이 느껴진다.

어떤 소설은 다양한 인물과 사건이 씨줄과 날줄로 얽혀 드라마틱하고, 예상치 못한 돌출과 복선, 반전이 휘몰아쳐서 한순간도 방심할 수 없다. 그것은 그것 나름대로 맛과 의미가 있다. 풀코스 음식을 만끽하는 듯한 포만감이 가득하다. 반면 어떤 작품은 담담하게 무를 씹는 듯한 느낌이 든다. 처음에는 무미하고 포만감도 없이 밍밍하다. 그러나 씹을수록 단맛이 난다. 어떤 작품은 처음 베어 물자마자 달콤함이 짜릿하다. 덩달아 흥분하고 관능에 혈관이 펄떡인다.

『설국』은 분명 사랑을 담고 있는 이야기이면서도 정작 사랑다운 사랑이 보이지 않는다. 서사다운 서사도 없다. 그런 소설이 읽을 때마다 다른 느낌을 주는 건 특유의 탐미주의가 짙게 밴 까닭이다. 랭보 같은 어린 천재의 탐미는 격정적이지만 야스나리의 탐미는 담백하고 추상적이며 심지어 허무하기까지 하다. 갈수록 후자의 탐미가 더 끌리는 건 단순히 나이가 들었기 때문이 아니라 나이가 드니 비로소 그 속살을 읽어내고 공감할 수 있기 때문이다. 랭보의 탐미는 분명 경이로운 천재성이 담겼지만 오래 씹을 맛은 아니다. 그에 비해 『설국』의 탐미는 처음에는 밍밍하지만 갈수록 농밀하게 느껴진다. 모처럼 다시 『설국』을 읽는 내내 그런 즐거움이 상큼했다. 그래, 그 맛이지!

가와바타 야스나리가 노벨문학상을 수상한 뒤 자살했다는 소식은 충격이었다. 1972년의 일이었으니 내가 막 중학교에 들어갔을 때였다. 『설국』을 읽으면서 그의 자살이 부담스럽게 덧칠이 되었다. 그의 제자였던 미시마 유키오의 할복자살에 충격을 받아서 그랬다는 소문이 자자했지만 나는 동의하지 않는다. 인간과 자연과 허무

사이의 조화를 추구하며 거기에 아름다움을 채워 넣으려 했던 탐미주의자에게 죽음은 어쩌면 조용히 설국으로 사라지는 담백한 작별이 아니었을까. 체념인지 거부인지, 혹은 자신이 선택할 극상의 관능일지는 모르겠지만 말이다. 이제 조금씩 죽음에 가까워지는 나이가 되니 드는 생각인 것 같다.

눈 덮인 자연은 모든 것을 품다 봄에 자리를 내어주곤 홀연히 사라질 것이다. 그 짧은 순간에 사람과 자연 사이에는 수많은 이야기들이 조용히 이어지고 있었으니 그것으로 이미 족한 일인지도 모른다. 사방이 흰 눈으로 뒤덮인 겨울, 밤 기차를 타고 훌쩍 떠나 어두운 조명 아래에서 다시 그 소설을 읽고 싶다. 이제 더 이상 밤 기차는 달리지 않지만.

다시 읽은 고전

앵무새 죽이기

하퍼 리 지음,
김욱동 옮김, 열린책들, 2015

하퍼 리의 자전적 소설로, 1960년에 퓰리처상을 수상했고, 1962년에 영화화됐다. 백인 여자를 성폭행했다는 혐의를 받는 흑인을 변론하는 백인 변호사의 이야기이다. 무대는 1930년대 미국 앨라배마주의 조그만 마을이다. 소설의 화자는 애티커 변호사의 어린 딸인 스카웃으로 일곱 살부터 열 살까지 겪었던 일을 어린 아이의 시선으로 적어 내려갔다. 미국 사회의 인종차별문제를 비판하며, 인간의 양심과 사회정의에 대한 질문을 던지는 작품이다.

하퍼 리 Harper Lee, 1926~2016

1926년 앨라배마주 먼로빌에서 태어났다. 앨라배마대학교에서 법학을 전공하였으며, 1949년 뉴욕으로 이주해 항공사에서 예약 담당 근무를 했다. 친구들의 재정적 지원 하에 1957년 『파수꾼』의 원고를 완성하였으나 출간하지는 못했으며, 편집자의 조언에 따라 원고를 어린 아이의 시점으로 다시 집필하여 『앵무새 죽이기』를 완성했다. 1960년 출간된 『앵무새 죽이기』는 크게 성공해 이듬해 퓰리처상을 수상했다. 하퍼 리는 첫 소설의 성공 이후 쏟아진 세간의 관심을 피해 고향에서 50여 년간 은둔 생활을 하였으며, 2015년 출간하지 않고 보관 중이던 『파수꾼』을 출간해 다시 세간의 주목을 받았다.

순수의 눈으로
목격한 차별의 풍경

중학생 때 흑백 TV로 영화 〈알라바마 이야기〉를 봤다. 주인공 역을 맡은 그레고리 펙은 이 영화로 아카데미 남우주연상을 받기도 했는데, 평소에 좋아했던 배우라 더 유심히 보았다. 영화를 보면서 미국이라는 나라의 현실이 장밋빛만은 아니구나, 라고 생각했다. 대학생 시절에 극장에서 본 〈미시시피 버닝〉에서 그 문제는 미국 사회의 고름 같다는 생각을 지울 수 없었다. 그리고 오늘날 트럼프의 미국은 그 상처를 더 깊숙하게 후벼파며 덧내고 있다는 절망감을 느낀다.

부끄럽게도 난 〈알라바마 이야기〉의 원작이 『앵무새 죽이기』라는 걸 몰랐다. 고등학교 1학년 때 역사 선생님이 꼭 읽어보라 했던 소설을 보면서 어떤 기시감을 느끼다가 그 영화의 원작이라는 걸 알게 됐다. 소설의 감동은 그런 부끄러움쯤은 간단히 묻어버렸다. 영문학도 시절, 가장 좋아했던 미국 작가는 피츠제럴드와 트루먼 카포티였다. 카포티의 가장 친한 친구가 하퍼 리였다는 걸 알게 되면서 그 소설이 더욱 친근하게 느껴졌다. 종로서적에서 '펭귄북스' 시리즈로 나온 영어본을 구입해 읽어보았다. 소설은 여전히 감동적이었다. 원문은 생각보다 문장이 어렵거나 복잡하지 않았는데, 아마도 아이의 시선으로 이야기가 전개되고 있고 수사적인 문장으로 주제의식을 포장하려 하지 않는 작가의 성향 때문에 그랬을 것이다.

차별은 폭력과 증오를 낳는다

미국은 이민자의 나라다. 초청장도 입국비자도 없이 불쑥 침입한 외부자(백인)들이 원주민을 내쫓고 아메리카를 자신의 땅으로 삼으면서 시작된 이민의 역사가 지금까지 이어지고 있다. 억압과 가난을 피해 아메리카 영토를 밟은 유럽의 백인들은 넓은 땅을 경작하기 위해 값싼 노동력을 필요로 했다. 그리하여 아프리카 흑인들을 사냥하듯 잡아다 노예로 삼았다. 뿌리 깊은 인종차별 역사의 시작이다. 링컨의 노예 해방에 의해 '선언적으로는' 인종 간의 차별이 없어지고 평등해진 듯 보였지만, 내용을 들여다보면 전혀 그렇지 않고 지금도 차별은 곳곳에서 일어나고 있다. 미국의 대통령으로 당선된 도널드 트럼프는 '미국우선주의'라는 배타적 백인우월신화에 매몰돼 고립을 자초하면서까지 노골적으로 인종차별과 탄압을 선동하고 있다. 21세기에 일어나는 일이라고 믿을 수 없지만, 엄연한 현실이다.

그러니 1930년대 미국의 남부 사회는 어떠했을 것인가. 인종차별은 극단적이었고, 소수 집단이 겪어야 할 고통은 엄청났을 것이다. 『앵무새 죽이기』는 그런 시대적 배경을 중심으로 돌아본 사회와 사람들, 삶에 대한 이야기이다. 유년 시절은 누구나 따뜻하고 애틋한 기억으로 남기고 싶다. 하나 소설의 주인공 스카웃이 회상한 여섯 살부터 아홉 살까지의 기억은 그리 아름답지 않다. 대공황은 사람들의 삶을 피폐하게 했고, 관용과 조화라는 미덕은 사라졌으며, 계층 간 인종 간 첨예한 대립과 혐오와 폭력이 공공연하게 자행되던 때였다. 그런 상황에서 흑인 남성이 백인 여성을 성폭행했다는 혐의를 받고 있다면, 진실과 관계없이 그 혐의만으로도 이미 유죄였다. 게다가 그 흑인이 자신의 죄를 인정하고 사죄하며 선처를 구하기는커녕 결백만을 주장하고 있으니 괘씸죄가 더해진다. 어느 누구도 그를 변호하거나 이해하려 하지 않는다. 한데 스카웃의 아버지 핀치 변호사는 이웃의 눈총을 무릅쓰고 흑인 가해자 로빈슨의 변호를 맡는다. 존경받는 변호사였던 그는 한순간에 마을에서 따돌림을 받는다. 린치의 위협을 받기도 한다.

　차별의식은 나와 다른 생각을 가진 사람에게 주저 없이 증오와 폭력성을 드러낸다. 소설은 아이의 눈을 통해 인간 내면에 그런 의식이 얼마나 깊숙이 내재되어 있는지 파헤친다. 때 묻지 않은 시선으로 부조리한 어른 사회의 정곡을 찌른다.

　핀치 변호사는 이웃의 시선에 굴하지 않고 억울하게 죄를 뒤집어쓴 로빈슨의 무죄를 입증한다. 그러나 우매함과 왜곡된 증오에 휩싸인 집단은 진실을 외면한다. 백인들로 구성된 배심원들은 로빈슨에게 유죄평결을 내린다. 흑인의 인권은 인간의 권리에서 제외된다.

정의와 양심, 용기와 신념은 야만의 희생양일 뿐이다.

스카웃의 오빠 젬이 앵무새를 사냥하려 하자 아버지 핀치가 앵무새를 죽이는 건 죄가 된다고 충고하는 장면이 있다. 모디 아줌마는 핀치의 말을 거들며 다음과 같이 말한다.

"너희 아빠 말씀이 옳아. 앵무새들은 인간을 위해 노래를 불러 줄 뿐이지. 사람들의 채소밭에서 뭘 따 먹지도 않고, 옥수수 창고에 둥지를 틀지도 않으며 우리를 위해 마음을 열어 놓고 노래를 부르는 것 말고는 아무것도 하는 게 없어. 그래서 앵무새를 죽이는 건 죄가 되는 거야."

앵무새는 유색인종, 빈민과 같은 약자를 상징한다. 사람들은 아무 죄책감 없이 앵무새를 사냥한다. 로빈슨도 사냥에 걸려든 앵무새와 다를 바 없다. 무모하고 사악한 사냥은 계속된다. 지금 우리 사회도 얼마나 많은 앵무새를 사냥하고 있는가. 이념이 다르다고, 가난하고 힘이 없다고, 못 배웠다고, 신앙이 다르다고 차별하고 억압한다. 이 책에서 일어난 일을 그저 과거의 일로, 타자의 일로 치부한다면 무의미한 독서다. 내가 살고 있는 사회의 불의와 부조리에 대해 인식하고, 내 주변에서 일어나는 일로 인식할 수 있어야 한다.

이 책의 매력과 힘은 자전적 이야기를 토대로 했다는 점에서 나온다. 실제로 하퍼 리가 자랐던 마을 먼로빌은 소설의 메이콤 마을이 되고, 흑인 부 래들리는 하퍼 리의 이웃에 살고 있던 사람이었다.

스카웃의 아버지 애티커스 핀치는 작가 자신의 아버지를 모델로 삼았다고 한다. 그리하여 타자의 시선이 아니라 구성원의 눈으로 보고 느끼고 판단한 것들을 어른이 된 뒤에 다시 짚어봄으로써 과거와 현재의 시선을 공유하게 만든다. 그 시선의 공유는 과거의 문제를 '지금 여기, 우리'의 문제로 귀결시킨다.

지금 우리 사회는 세대 간, 계층 간에 단절과 대립, 갈등을 겪고 있다. 서로 자신의 말이 옳다며 떠들고 핏대를 올린다. 상대의 말을 경청하거나 이해하려 하기보다는 자신의 이익과 어설픈 신념에만 매몰돼 있다. 물리적 폭력은 줄어들었을지라도 언어폭력, 사고의 강요는 빈번하게 일어난다. 그런 이들에게 이 소설의 다음 대목을 들려주고 싶다.

"누군가를 정말로 이해하려고 한다면 그 사람의 입장에서 생각해야 하는 거야."

"네?"

"말하자면 그 사람 살갗 안으로 들어가 그 사람이 되어서 걸어다니는 거지."

기억할 만한 이야기들

『앵무새 죽이기』는 미국 고등학교 필독서로 선정되고, 영화로도 만들어져서 대중적 인기를 한 몸에 받았다. 2003년에는 미국영화연구소에서 최고의 영웅으로 슈퍼맨도 인디애나 존스도 아닌, 에티커스 핀치 변호사를 뽑았다.

2001년에는 시카고의 '한 도시 한 책' 운동의 선정 도서로 이 책이 선정된 적이 있다. 이를 계기로 시카고가 안고 있던 인종차별 문제에 대해 다양한 토론과 인식 전환을 가져왔다는 평가를 받았다. 지금 대한민국 여러 도시에서도 이를 벤치마킹해 '한 도시 한 책' 운동을 하고 있다. 이 운동을 시작한 것은 시애틀 도서관의 사서 낸시 펄이었지만, 기폭제가 된 것은 바로 『앵무새 죽이기』라고 할 수 있겠다.

우리도 '한 도시 한 책' 운동을 진행하고 있지만, 그저 좋은 책을 한 권 선정해 읽는 '릴레이 독서' 행사로 그치는 듯해 안타깝다. 그 도시가 안고 있는 문제를 발견하고 거기에 맞는 도서를 선정해 지역 구성원이 함께 토론하고 생각을 나눌 수 있는 내용의 질적 전환이 필요한 시점이다.

앞서 하퍼 리가 트루먼 카포티의 친구였다는 점에 끌려 이 책을 읽었다고 고백했다. 하퍼 리의 삶과 작품에 대해 살펴보다가 매우 흥미롭고 감동적인 장면을 만났다.

소꿉친구이자 서로의 작품 활동에 도움을 주고받았던 카포티가 일찍이 성공을 거두자 하퍼 리도 자극을 받았다. 하지만 직장에 매인 그녀로서는 작품 활동에 몰두하기가 어려웠다. 그러던 차에 그녀의 친구들, 마이클 브라운, 조이 윌리엄스 브라운이 1년치의 생활비를 그녀에게 선물하며 다음과 같이 말했다. "네가 한 해 동안 직장을 벗어나서 쓰고 싶은 글을 썼으면 좋겠어. 메리 크리스마스!"

그녀는 감동과 용기를 얻고 작품활동에만 몰두했다. 그리고 다음 해 두 편의 에세이와 세 편의 단편소설을 완성해서 리핀코트 출판사의 편집자 테이 호호프를 찾아가 작품을 보여줬다. 작품을 검토한 호호프는 차라리 단편 하나를 장편소설로 개작하면 좋을 것 같다는 의견을 주었고 1년 후 그녀는 '파수꾼'이라는 제목의 장편소설로 완성했다. 그 원고를 본 호호프는 다시 그 작품을 고쳐 쓰기를 권유했다. 그렇게 해서 『앵무새 죽이기』가 완성되었고, 1960년에 출간되었던 것이다. 이 작품은 출간 즉시 베스트셀러가 되었고 1961년에는 퓰리처상을 수상했다.

나는 이 작품을 읽을 때마다 그녀에게 크리스마스 선물로 1년의 생활비를 제공했던 친구들의 우정과, 검토한 뒤 여러 차례 더 좋은 의견을 제시함으로써 작품의 완성도를 이끌어낸 편집자가 떠오른다. 나도 그런 친구들과 편집자를 만나면 좋겠다는 생각보다는, 내가 그런 친구가 되고 그런 편집자의 역할을 할 수 있다면 훨씬 더 행복하겠다는 생각이 든다. 이래저래 기억할 요소들이 참 많은 소설이다.

다시 읽은 고전

어느 정치적 인간의 초상

슈테판 츠바이크 지음,
강희영 옮김, 리브로, 1998

프랑스혁명기의 한복판에서 철저한 균형감각으로 정변의 냄새를 감지하는 권력의 제2인자, 조제프 푸셰의 일대기를 그린 전기소설이다. 수도원 담벽 너머로 혁명을 꿈꾸며 권력의 배후를 캐내는 비밀정보조직의 천재로 모든 당파를 이끌며 격랑의 세계적 전환기를 헤치고 끝까지 살아남은 세기적 모사가 조제프 푸셰의 삶을 전기소설의 대가 슈테판 츠바이크가 완벽하게 복원하였다. 로베스피에르와 나폴레옹 등 프랑스 혁명기의 거두들을 자기 마음대로 좌우지했던 권력가의 세계가 드라마틱하게 전개된다.

슈테판 츠바이크 Stefan Zweig, 1881~1942

오스트리아 빈 출생의 소설가이자 전기작가. 20세에 시집 『은의 현』을 발표해 문단에 데뷔하였고 23세에 철학박사 학위를 받았으며, 소설, 희곡, 평론 등을 썼다. 신낭만주의와 빈 인상주의 영향을 받았고, 또 프로이트의 정신분석학에도 심취하였다. 1935년 나치스에 쫓겨 영국을 거쳐 미국으로 망명하여 41년에는 브라질로 이주하였으나, 유럽의 전도를 비관하며 그의 젊은 아내와 동반자살했다. 주요 저작으로 『로맹 롤랑』, 『마리 앙투아네트』, 『에라스무스의 승리와 비극』 등의 전기 작품이 있다.

미워할 수만은 없는 악당

개인적으로 좋아하는 작가 중 한 사람이 슈테판 츠바이크다. 츠바이크는 시로 문단에 등장했지만 이후 소설, 희곡, 전기 등 다양한 분야에서 두각을 나타냈다. 1차 세계대전에 자원입대하여 종군기자로 활동하기도 했는데 이때의 체험이 그로 하여금 반전사상을 갖게 만들었다. 그는 소설가로도 뛰어나지만 전기나 평전에서 독보적인 작가다.

    츠바이크의 전기나 평전은 인물을 입체적으로 그려낼 뿐 아니라 인물의 심리 상태까지 깊이 있게 그려내 대상의 인간적인 면모를 느끼게 해준다. 『세 거장』에서는 발자크, 디킨스, 도스토옙스키 세 거목을 조명했고, 로맹 롤랑의 평전, 마리 앙투아네트와 메리 스튜어트 등 다양한 역사적 인물을 재현했다. 프로이트의 영향을 받아 인간의 내면을 깊이 탐색하고, 인간관계에 작용하는 심리적 측면을 예리하게 끄집어내는 것이 그의 장점이다. 그리고 이 장점이 대표적으로 빛을 발한 작품이 바로 『어느 정치적 인간의 초상』이다. 프랑스 혁명기에 활동했던 조제프 푸셰의 전기소설인 이 작품은 우리가 미처 몰랐던 역사적 인물을 다시 소환해 인간의 악마성이 어떻게 발현되는지를 생생하게 보여주고 있다.

대 격변기에 유일하게 살아남은 자

대학교 2학년 때 이 작품을 처음 읽었다. 전공 수업만큼 사학과 수업을 챙겨 들었던 시절, '프랑스혁명사'에 관한 수업은 특별히 관심이 갔다. 담당 교수였던 서양사의 차하순 교수는 당시 츠바이크의 평전 시리즈를 많이 읽어보라고 권했다. 도서관에서 츠바이크의 여러 작품을 찾아 읽고, 그 매력에 흠뻑 빠져들었다. 수업 시간에 푸셰에 대해 잠깐 듣기는 했지만 그는 프랑스 혁명에서 주역이 아니었기에 별 관심이 없었다. 방학이면 왜관에 있는 베네딕트 수도원에 며칠씩 머무르곤 했는데, 어느 날 수도원에 있는 분도출판사에 들렀다가 당시 출판사 대표였던 독일인 세바스티안 신부가 읽어보라고 건네준 책이 바로 『어느 정치적 인간의 초상』이었다. 시간이 지나 한길사에서 그 책을 다시 펴냈고 지금은 리브로에서 복간했지만 국내 초판은 분도출판사에서 나왔다.

처음에는 유명한 인물도 아닌데 굳이 시간을 내서 그의 이야기를 읽고 싶지는 않았다. 그런데 저자가 츠바이크였다. 그렇다면 망설일 것도 없다. 첫 장을 열었고, 읽어가면서 흠뻑 빠져 그날 밤을

꼬박 새웠다. 덕분에 새벽 미사는 빠질 수밖에 없었다. 책에서 묘사하고 있는 조제프 푸셰는 충격적인 인물이었다.

프랑스혁명사에서 익숙한 인물은 로베스피에르, 당통, 미라보, 루이 16세, 마리 앙투아네트, 나폴레옹 등이다. 조제프 푸셰를 아는 사람은 별로 없다. 그도 그럴 것이 그는 빛의 세상에서 활약한 인물이 아니었다. 그에게는 권력의 냄새를 탐지하는 놀라운 후각과, 자신의 이익에 따라 거침없이 일을 처리하는 냉혹한 피가 흐르고 있었다. 어설프게 권력의 전면에 나서서 화려한 스포트라이트를 받다가 한순간에 목이 날아가는 어리석은 행보와는 거리를 두었다. 그리하여 그는 단 한 차례도 권력의 밖으로 밀려난 적이 없다. 그것이 어떻게 가능했을까? 그것도 혁명과 반혁명이 꼬리를 물고 이어지면서 온갖 숙청이 자행되던 시기에, 단 한 사람, 푸셰만은 권력을 손에 놓지 않은 채 명을 이어갔다.

조제프 푸셰는 항구도시 낭트에서 태어났다. 그의 아버지는 장사꾼이었고 뱃사람이었다. 푸셰는 오라토리오회 수도원에 들어가 사제가 되고자 했다. 당시 사제의 길은 스탕달이 『적과 흑』에서 말하는 '흑'의 길이었다. 평민이 제1계급이자 상류층인 성직자가 될 수 있는 유일한 길이었다. 그러나 푸셰에게 따분한 사제의 삶은 체질에 맞지 않았다. 다만 프랑스 사회에서 권력의 한 축을 담당하는 수도사의 길을 포기할 수는 없었기에 참고 견뎠다. 두뇌가 명석했던 푸셰는 스무 살에 수도원학교에서 물리와 수학을 가르치는 교사가 되었다. 그는 작은 지방 도시에서 교사 노릇을 하며 사교클럽을 출입해 여러 사람과 교제했고, 그 중에는 젊은 변호사 로베스피에르도 있었다. 죽이 잘맞는 두 사람은 금세 의기투합했다.

프랑스혁명이 터지자 푸셰는 수도복을 벗어던지고, 고향 낭트로 옮겨 자코뱅클럽에 가입하고 대표로 활동한다. 본격적으로 정치에 뛰어든 그에게는 든든한 권력자 로베스피에르가 있었다. 혁명 이후 푸셰는 국민공회 의원으로 당선되었으나, 작은 도시의 가난한 그를 아무도 주목하지 않았다. 다만 푸셰는 권력이 어떻게 움직이고 어느 방향으로 흘러가는가를 본능적으로 알았다. 국민공회 의원 당선 이듬해에 왕당파의 반란이 일어나자 거침없이 진압에 나섰고, 리옹에서 일어난 반란에 대해 대학살을 지시했다. 모두 그의 잔혹성에 혀를 내둘렀지만, 그는 개의치 않았다.

그가 처음부터 잔혹했던 것은 아니었다. 낭트에서 그는 급진파와 달리 온건한 행보로 시민들의 신용을 얻어갔다. 그렇게 얻은 신뢰를 바탕으로 프랑스혁명 이후 루이 16세를 축출하고 국민공회 의원으로 당선되었다. 그는 예측할 수 없는 인물이었다. 의원으로 당선된 이후 자코뱅클럽의 대표였음에도 로베스피에르의 좌파(산악파, 자코뱅파)가 아니라 우파인 지롱드파에 가입했다. 국민공회에서 루이 16세를 살릴 것인가, 처형할 것인가를 놓고 갑론을박이 일었을 때 로베스피에르는 단호하게 사형을 주장했다. 푸셰는 이때 어떤 선택을 했을까. 낭트의 시민은 푸셰의 온건함에 투표를 했고, 그는 우파에 가입을 한 상황이었다. 그가 루이 16세의 구명에 표를 던질 것은 자명해 보였다. 하지만 그는 처형 쪽에 표를 던졌다. 힘의 배치가 어떠한가를 예민하게 읽고 내린 선택이었다.

　국왕의 처형 이후 로베스피에르는 본격적인 공포정치의 정국을 형성했고, 수많은 정적들을 단두대로 보냈다. 온건파인 지롱드파도 함께 몰락해갔다. 이 와중에 정세의 흐름을 예민하게 파악했던 푸셰는 자코뱅파로 돌아섰고, 그의 돌변에 사람들은 경악했지만 푸셰는 역시 눈 하나 깜빡하지 않았다. 그는 지역구 의원으로서 낭트를 비롯해 여러 곳에서 반혁명세력을 진압해갔다. 부자와 귀족들은 공포에 떨었고, 교회는 무방비 상태로 약탈당했다.

　리옹에서 일어난 대규모 반란에서 푸셰는 악명을 떨쳤다. 국민공회는 그 도시를 완전히 파괴할 것을 명했으나, 그 역할을 맡은 조르주 쿠롱은 그저 집 몇 채의 지붕을 부술 뿐이었다. 쿠롱 대신 보내진 푸셰는 저항세력을 단두대로 보내고, 리옹을 쑥대밭으로 만들었으며, 2천여 명을 학살했다. 그에게 '리옹의 도살자'라는 별명이 붙여졌다. 그의 잔혹함은 자신이 자코뱅에 충성하고 있는 혁명의 충실한 주체임을 보여주기 위한 것이었다. 츠바이크는 그런 그에게서 최초의 볼셰비키를 떠올린다.

　리옹에서의 학살은 공포정치를 표방했던 로베스피에르마저 당황하게 만들었다. 민심의 이탈 조짐을 눈치챈 그는 푸셰에게 리옹 사건을 해명하라고 요구했다. 푸셰는 로베스피에르의 분노를 피하기 위해 납작 엎드려 편지를 보냈다. 그는 잽싸게 모든 책임을 함께 부임했던 콜로에게 뒤집어 씌웠다. 성경에서 이브를 유혹한 뱀도 푸셰만큼 교활하지는 못할 것이다. 그렇게 푸셰는 또 살아남았다. 그러나 두 사람의 앙금은 풀리지 않았고, 푸셰는 반란을 꾀했다.

변절과 배신은 그의 생존본능이고 직업이었다

로베스피에르의 공포정치는 혁명에 대한 환상마저 깨뜨리기에 충분했다. 에베르와 당통을 처형한 뒤 모든 권력을 독점한 로베스피에르는 혁명정국을 주도했던 마지막 6주간 최소 1285명을 단두대로 보내고, 1793~1794년 사이 채 1년도 되지 않는 기간에 2만 명가량을 처형했다. 모두가 로베스피에르를 두려워했고, 외국의 침략도 걱정되었다. 이에 로베스피에르를 제거하고자 하는 세력이 뜻을 모았다. 여기에 조제프 푸셰가 가담했고, 이른바 '테르미도르의 반란'이 시작되었다. 로베스피에르는 축출되었고, 쿠데타는 성공했다. 그러나 불안한 쿠데타였다.

로베스피에르의 산악파 독재정부는 소농민, 소생산층을 우선하는 정책을 썼다. 쿠데타 세력은 자코뱅파와 왕정세력 모두를 강력하게 억압하고자 했다. 이는 생활의 불안을 호소하는 소시민, 하층민과 우익 왕당파 모두에게 공격 받을 여지를 자초했다. 공포정치가 막을 내리고 반동정치가 시작되었다. 혼란의 시대, 누가 동지이고 적인지 구별할 수 없었고, 영원한 동지도 적도 없었다. 이런 혼란 속에서 '우리의 푸셰'는 어찌 되었을까? 그는 테르미도르의 반란에 가담했지만 중요한 인물이 아니었고 오락가락한 처신 때문에 신뢰를 얻지 못했다. 하지만 푸셰가 누구인가. 그는 총재정부 5인에 속했던 바라스의 사설탐정 역할을 수행했다. 그는 혼란의 시대에 '정보'가 매우 중요하다는 것을 직감했다. 그는 모든 정보를 수집했고 가공해서 팔았다. 그 돈으로 다시 정보를 수집하고 만들었고 되팔아서 큰 돈을 벌었다.

아무도 푸셰에게 주목하지 않았지만 마침내 그는 총재정부의 경찰장관 자리를 차지했다. 물 만난 고기였다. 그는 전국에 정보원과 밀고자 그리고 비밀경찰을 깔아두고 그들을 장악했다. 모든 정보는 푸셰를 통해 통제되고 생산되었다. 정보가 권력이라는 것을 일찌감치 깨달은 자의 전형이었다. '실패한 쿠데타'였던 테르미도르는 얼마 지나지 않아 반격을 당하고 주동자들은 모두 유배되거나 교수형을 당했다. 그러나 푸셰는 살아남았다. 모든 정보를 장악한 푸셰를 어느 누구도 건드리지 못하는 상황이 되었기 때문이다.

프랑스혁명 이후 정국은 혼란 그 자체였다. 사람들은 환멸에 빠졌다. 그 환멸의 빈틈을 파고들며 강력한 군사력을 바탕으로 권력을 쟁취한 인물이 바로 나폴레옹이었다. 이미 모든 정보를 파악하고 있던 푸셰는 나폴레옹의 음모를 막거나 고발하지 않고, 오히려 그의 쿠데타를 도왔다.

변절은 그의 생존 본능이었고 직업이었다. 그에게 양심이나 이성 따위는 사치였다. "강한 자가 살아남는 게 아니라 살아남는 자가 강한 자"라는 영화 대사에 딱 들어맞는 전형적인 인물이 바로 푸셰였다. 그는 시에예스와 함께 나폴레옹의 쿠데타에 협력했고 통령정부에서 나폴레옹의 참모로 활약했다. 나폴레옹은 푸셰가 어떤 인물인지 일찌감치 간파했다. 그러나 푸셰가 지닌 정보 장악 능력과 정치적 수완을 무시할 수 없었다. 나폴레옹은 푸셰를 완전히 신뢰하지 않았지만 그가 자신의 수하에서 벗어나지 않도록 했다. 푸셰가 떠나면 자신의 권력마저 보장될 수 없다는 걸 잘 알았기 때문이었다.

푸셰는 첩보망을 극대화했다. 내각을 조종할 정도의 힘을 가진 그는 권력을 휘두르는 데 주저하지 않았다. 그의 권력은 나폴레옹을 압도할 정도였다. 더 이상 푸셰를 방치할 수 없었던 나폴레옹은 서류 은폐 건을 빌미로 푸셰의 권력을 빼앗았다. 그러면서도 그를 완전히 제거하지는 않았다. 언제든 그를 필요로 할 때가 있을 것이고, 만에 하나 그가 반대 세력에 붙으면 위험하다는 것을 알았기 때문이다. 푸셰는 물러났다가 밤안개처럼 다시 은밀히 부활했고 그가 권력의 심층부에 접근할 때마다 역사는 회오리쳤다.

츠바이크의 문체로 되살아난 정치적 인간

츠바이크는 푸셰의 삶을 추적하면서 그가 변절한 게 아니라 어쩌면 그가 시대의 중심이었고 모든 권력자들이 그를 선택하는 '희한한 변절'을 겪은 게 아닌가 하는 메시지를 던진다. 그는 간에 붙었다 쓸개에 붙었다 하는 인물이 아니라 오히려 자신이 간이고 쓸개가 되어 다른 몸을 얻어 쓴 특이한 인물이었다. 츠바이크의 평전들이 대부분 그렇듯 푸셰 같은 악당조차도 인간의 내면에 있는 권력과 투쟁, 생존의 욕망이 한꺼번에 축적되고 표상되는 특별한 인간으로 보이게 만든다.

분노보다 긴장과 기대를 촉발시키는 이 유별난 정치적 인간에게서 우리는 현재에도 존재하는 인물들의 파편을 발견한다. 친일과 친미를 넘나들고 독재에 가담하며 능굴능신하게 변신해 권력과 부를 대대로 누리고 있는 자들을 우리 현대사에서도 빈번하게 목도하지 않았던가. 푸셰는 악당이지만 그런 자들처럼 치사하고 비겁하지는 않았다. 그는 체스 판에서 게임을 즐겼던 희대의 악당이었다.

그는 "세기 전환기의 한복판에서 모든 당파를 이끌었고, 이 세기 전환기에 유일하게 살아남은 단 한 남자"였다. 혁명과 반혁명 그리고 쿠데타의 모든 주역들은 비극적으로 삶을 마쳤지만, '배신자, 음모가, 파충류, 변절자, 비열한 경찰 근성, 배덕자의 정신과 기질'로 똘똘 뭉쳤던 푸셰만은 끝까지 살아남았다. 그러나 그를 기억하는 이들은 그리 많지 않다. 혁명의 소용돌이 한복판에서 철저한 균형감각과 정변의 냄새를 놀라운 후각으로 맡아낸 '영원한 권력의 2인자', '실질적 권력의 설계자', '현대적 정보기관의 창시자'였던 푸셰를 차분하면서도 치열하게 추적한 츠바이크의 글은 지루할 틈이 없다. 또한 건조하지도 않으면서 그렇다고 어설픈 감정으로 쏠리지 않는다. 내가 그의 글을 특별히 좋아하는 이유다.

츠바이크는 이성적으로 명석하면서도 매우 민감한 감성을 지닌 작가였다. 전쟁과 독재에 대한 혐오로 똘똘 뭉친 그에게 나치의 등장은 끔찍했다. 유대인이었던 그는 나치가 자신의 책을 금서로 지정하자 1934년 런던으로 피신했고 나중에 브라질로 망명했다. 그러나 자신의 대륙을 스스로 거부한 그는 유럽의 타락을 보며 절망했고 부인과 함께 스스로 죽음을 택했다. 그는 유서에서 "자유의지와 맑은 정신으로 먼저 세상을 떠난다"고 밝힘으로써 끝까지 세상과 인간에 대한 애정과 안타까움을 접지 않았다. 짧다면 짧은 그의 생애에서 생산한 글들은 지금까지 우리에게 수많은 책으로 전해져 오고 있다. 고마운 일이다.

사족. 분도출판사에서 처음 출간된 이 책 초판을 두 권 갖고 있었는데, 한 권은 대학도서관에 기증했고. 다른 한 권은 가까운 친구에게 꼭 읽어보라고 빌려줬는데 잃어버렸다고 눙쳐서 내게는 한 권도 없다. 그 녀석이 아무래도 그 책을 가진 듯한데 확인할 방법은 없으니 이제는 미련을 완전히 접기로 했다.

다시 읽은 고전

거대한 일상

백무산 지음,
창비, 2008

노동문학의 중심을 형성하며 민중시의 가능성을 열어왔던 백무산의 일곱 번째 시집이다. 1980년대와 1990년대 초반을 풍미했던 노동문학이 그 기치를 내리고 슬며시 다른 깃발을 올릴 적에도 줄곧 우리가 처한 현실을 뚫어지게 응시하며 진지하게 인간과 노동을 탐구해왔던 그의 시선이 여전히 예리하게 살아있음을 보여준다. 시인 특유의 직설적 화법과 살아 꿈틀대는 비유, 힘 넘치는 사유를 펼쳐 보이는 이 시집은 노동의 현실을 새롭게 각성해야 하는 오늘의 상황에 대한 정직한 고백을 담고 있다.

백무산 1955~

본명은 백봉석. 대한민국의 시인이자 노동운동가. 1955년 경상북도 영천에서 태어났다. 1974년에 현대중공업에 입사해 노동자로 일하다가 1984년 『민중시』 1집에 「지옥선」을 발표하면서 작품활동을 시작했다. 〈노동해방문학〉 편집위원을 지냈고, 박노해 등과 함께 노동시를 대표하는 시인으로 손꼽힌다. 시집으로 『만국의 노동자여』, 『동트는 미포만의 새벽을 딛고』, 『인간의 시간』, 『길은 광야의 것이다』, 『초심』, 『길 밖의 길』, 『거대한 일상』, 『그 모든 가장자리』 등이 있다.

시는 삶이고 세상이다

 소설은 허구일 수 있지만 시는 삶이다. 삶을 거치지 않은 시는 거짓이다. 소설은 거대한 서사를 담아 매끄럽고 유려하지만, 시는 투박하고 질기며 맵다. 소설은 독자를 설득하려 하지만 시는 설득을 거부한다. 시인은 자신의 영감을 일반의 언어로 표현하되, 영감을 오롯하게 담아내는 언어를 골라서 정제한다. 거기에는 고도의 압축과 은유가 가득하다. 일상의 언어에서 느끼지 못하는 '낯섦'이 존재한다. 그래서 때로는 시가 야박하게 느껴지기도 한다. 이제는 출판시장에서 문학이 시들해지고 덩달아 작가들도 위축되는 상황이니 시나 소설이 김빠진 맥주처럼 싱거운 경우도 많다.

 그러나 시는 시들지 않는다. 시에는 삶이 녹아 있고 세상에 대한 응시가 내재되어 있다. 특히 노동시는 그런 힘을 단단하게 쥐고 있다. 노동을 담은 시는 조금 거칠게 보일지 모르지만 그 숨결과 맥박은 옹이처럼 단단하다. 그래서 노동시를 읽을 때면 나태한 나의 삶을 반성하고 삶의 본질에 대해 성찰하며 세상과 나의 관계를 다시 바라보게 된다. 박영근, 정세훈, 박노해, 이면우 등의 시를 읽을 때마다 특별한 감동을 받는 것은 '날것'의 싱싱함이 주는 죽비의 느낌 때문이다.

노동의 시, 노동의 삶, 그리고 시의 노동

살아있음이 부끄러웠던 1980년대 군부독재 시절, 당시에 '진실'은 금기의 언어였다. '불편한 진실'을 토해낸 시 한 편은 우리를 더 부끄럽게 하기도 했고, 실낱같은 희망의 새벽빛이 되어주기도 했다. 노동하는 주체의 정체성을 인식하고 사회적 변화를 촉구하는 언어가 노동하는 주체에 의해 빚어졌다. 그러다 1990년대 이후 노동자계급이 분화되고 권력의 획책 속에 노조의 분열이 가속화되면서 노동시도 함께 쇠퇴해갔다. 여전히 노동시를 쓰는 시인은 존재했지만 독자들은 더 이상 노동시의 직설적인 서술에 끌리지 않았다. 아무리 외쳐도 조금도 변화하지 않는 강고한 사회적 부조리가 서서히 숨통을 조여 오면서 오히려 노동시는 온건해지기도 했다.

> 전쟁 같은 밤일을 마치고 난
> 새벽 쓰린 가슴 위로
> 차가운 소주를 붓는다
>
> —박노해, 「노동의 새벽」(『노동의 새벽』, 풀빛, 1984) 중에서

수많은 노동시와 노동시인들이 있었지만 노동시의 힘과 미학을 알려주고 노동하는 삶에 대해 깊은 성찰을 제시한 것은 박노해의 시들이었다. 참담한 세상을 살아가기 위해 어쩔 수 없이 전력을 다해야 하는 노동은 이미 전쟁이자 죽음과 같은 고통이다. 박노해의 시는 고통을 넘어서 분노를 삭히고 희망을 포기하지 않도록 이끌어주었다. 노동의 혹독한 현실을 외면하거나 미화하지 않고, 절망과 원망으로 일관하지 않으면서도 비장미가 살아 있는 박노해의 시를 통해 우리는 비로소 노동시에 대한 불편함을 털어내고 노동과 삶에 대해 직시할 수 있었다.

우리가 노동시에서 감동을 느끼는 건 아름답고 감탄할 만한 언어의 구사나 표현력 때문이 아니다. 삶의 진실이 투박하게 꿈틀대는 야성의 힘에서 우리는 감동을 느낀다.

그런 시를 쓰는 대표적인 시인 중 한 사람이 바로 백무산이다. 1990년대 초, 그의 첫 시집 『만국의 노동자여』(실천문학사)를 통해 그의 시를 처음 접했다. 현대중공업 노동자로 일했던 백무산의 시는 투박하지만 힘이 넘쳤다. 자본의 폭력과 노동의 소외는 근대와 현대를 관통하는 질기고 치열한 주제다. 그는 그 모순을 매섭게 비판하면서도 노동자로서의 자기 정체성을 분명하게 드러냈다. 그러나 단순한 비애가 아니라 그것을 뛰어넘는 비장함과 노동자들에 대한 동지애를 담고 있었다. 사실 그의 노동시가 나온 건 노동시의 전성기 끝자락이었고 쇠퇴기의 시작에 걸친 지점이었다. 그러나 나는 그 이후로 백무산에 대한 관심을 접어본 적이 없다. 시는 학습하는 것이 아니라 느끼는 것이고, 만들어내는 것이 아니라 '사는 것'임을 잃지 않는 의연함이 그의 시에 농축되어 있었다.

질문과 투쟁의 시

2008년 그의 시집 『거대한 일상』이 세상에 나왔을 때 떨리는 마음으로 시집을 열었다. 과연 그가 어떻게 자신의 옹이를 더 단단하게 다져 놓았을까, 혹시 나이 들어가면서 적당히 타협하거나 시의 눈매가 풀어지지는 않았을까 하는 기대와 두려움이 섞였다. 그러나 첫 시를 읽고 그 우려는 사라졌다. 오히려 그의 시가 얼마나 더 웅숭깊어지고 있는지 느낄 수 있었다.

> 내게도 벌써 여러 봄과
> 여러 겨울이 지났네
> 지난 계절들 내 손으로 다 거두어온 줄 알았는데
> 여기저기 나의 낯선 생이 바람 속
> 빈 둥지처럼 나뒹굴고 있네
> 나는 지나온 나의 전부가 아니네
> ―백무산, 「생의 다른 생」(『거대한 일상』, 창비, 2008) 중에서

우리는 살아온 시간을 모두 다 흡수하고 배출한 것으로 여기며 산다. 그것들이 때론 추억이 되고 때론 기억이 된다. 그러면 그것이

마치 '나의 것'인 것처럼 여긴다. 모든 계절마다 거기 담긴 다양한 것들을 겪고 누렸으니 그럴 법도 하다. 그런데 그게 들여다보면 뜻밖에 낯설다. 내 삶이고 내 시간인 줄 알았던 것들이 낯설게 느껴지는 당혹스러움에 우리는 어쩔 줄 모른다. 그건 더 이상 "하나의 생"이라고 우길 수 없는, '나의 것이 아닌' 생이다. 하지만 그것은 절망이 아니다. 새로운 다른 생이 들어오면서 생기는 여백이다. 시간과 삶의 켜들이 교묘하게 엇갈리면서 그 직조의 농밀함이 짙어진다.

백무산 이전 시에서 느꼈던 날것의 펄떡거림이 느슨해진 건 아닌가 걱정도 됐다. 하지만 이 시에서 그가 겪은 시간이 타협과 이완이 아니라 더 깊은 성찰과 위엄, 너그러움으로 진화했음을 느꼈다. 아마도 그의 삶과 시가 지닌 일관성 때문일 것이다. 그의 시에는 언제나 '질문'과 '투쟁'이 깔려 있었다. 그게 백무산 시의 힘이었다.

그가 겪어낸 시대는 온순하지 않았다. 우리는 그런 시대를 살았다. 노동은 자본에 종속되었다. 자본의 전방위적 지배는 개개인의 삶을 무산시키며 거대 자본기계에 봉사하는 노동으로 견고하게 억누르고 있었다. 백무산은 그런 현실을 직시하면서 노동과 삶, 그리고 인간의 본질에 대해 지혜와 철학을 빚고 있다. 끔찍하고 고통스럽되 붕괴하거나 체념하지 않는 '조용한 함성'을 그의 나이로 보듬으면서.

그것을 노동시의 퇴화라고 가볍게 지적하는 평론가도 있는 것 같다. 하지만 그건 일관성을 정체(停滯)로 착각하기 때문이다. 사전적 의미로 정체성이란 "변하지 않는 존재의 본질을 깨닫는 성질 또는 그 성질을 가진 독립적 존재"다. 그런 점에서 백무산의 시는 이전과 맥박의 진동수는 달라졌을지 모르나 본질은 오히려 더 단단해졌다.
 그의 시에는 삶이 담겨 있다. 『거대한 일상』은 '노동의 시'를 '시의 노동'으로 진화시켰음을 확인할 수 있는 시집이다. 그는 결코 타협하거나 나약해지지 않았다. 다만 더 깊은 시선으로 노동의 삶을 읽어내는 지혜의 나이를 맞고 있을 뿐이다.
 예컨대 "내 몸을 묵살하고. 기계노동이 내 몸을 훈육"해오는 "시계의 시간"을 직시하는 「졸음」이나, 기계와 시계의 틀 안에 갇혀 사는 우리의 삶에 "모가지"가 없음을 고발하는 「모가지」와 같은 시에서 느껴지는 시선이 그러하다. 그의 시선은 여전히 날카롭고, 통찰력은 인상 깊다.
 모든 시가 '삶'이지만 특히 노동시는 삶을 통해 걸러지고 빚어진다. 시를 빚어낸 언어도 질박하다. 그저 자신의 삶, 딱 그만큼만 토해낼 뿐이다. 이념의 과잉도 지식의 과시도 없다. 내가 노동시를 좋아하는 건 그 삶의 진실성 때문이고 그 거칠고 투박한 시어에서 우리가 진작 잃어버린 원시성을 되찾을 실마리를 찾을 수 있기 때문이다.
 지금 이 사회는 조금이라도 자신에게 이익이 되지 않으면 거추장스럽고 비용이 든다며 야멸차게 내쫓는다. 그가 얼마나 아픈지 왜 아픈지는 묻지도 따지지도 않는다. 오직 제 지갑의 셈속만 따진다. 이에 대해 백무산은 "지배권력은 곧 시간권력"이기 때문에 운명적 자연은 억압권력의 토양을 형성해가고 있다고 비판한다. 시간을 사물화하고 영토화하는 과정이 권력 행위이기 때문에 그 속에서 노동이 그리고 노동하는 삶이 어떻게 억압되는지 속내를 고발한다. 그런 점에서 이 시집은 시인의 문학과 삶을 응축한 옹이와 같다. 그런 힘을 갖춘 시집이기에 비교적 최신의 책이지만 고전의 목록에 올리고자 했다.

노동은 신성한 것이다

누구나 깊은 잠을 자야 하는 이유는
몸을 떠난 고요를 불러들일 수 있기에,
잠은 하루치 노동을 지우고 고요를 불러들일 수 있기에,
(중략)
시간을 고요에 헹구지 않으면 오늘을 반복할 뿐
내일의 다른 시간이 뜨지 않기에
—백무산 지음, 「고요에 헹구지 않으면」(『거대한 일상』)

그의 시에는 여전히 노동의 신성함이 담겨 있다. 더불어 노동의 신성함을 묵살하고 단순히 시계와 기계로 통제되는 경제요소의 하나로만 박제화하려는 음모의 대립구조 속에서, 인간으로, 노동자로 살아가는 우리가 무엇을 어떻게 바라보고 느끼며 실천해야 하는지 메시지를 던진다. 그렇게 늘 깨어있고 고뇌하면서 이제는 그것을 넘어서자며 손을 잡아끈다. 노동이, 노동의 시가 무시되고 조롱되는 시대에 그 영토에서 더 깊숙이 뿌리박고 시대와 삶에 대해 묵직한 성찰과 인식을 이끌어내는 시인이 있어서 고맙다.

이제 그의 시는 단순히 노동의 영토에 머무르지 않고 생태의 영역으로 확장하고 있다. 노동과 생태의 문제가 더욱 급박해진 현실에 대한 인식에서 비롯된 것일 게다. 그것은 그의 시가 더욱 진화하고 있다는 징표이며 종국에는 노동과 생태가 괴리된 영토가 아니라 그 안에서 수렴하고 일체되는 것임을 선언한다.

그대를 생각하는 일은, 완산 들녘 출렁이는 청보리 물결 노고지리 까마득 우짖던 하늘 하얗게 타들어가는 빈혈입니다.
―백무산 지음, 「그대 생각」, 『거대한 일상』 중에서

40년 가까이 그의 시는 이 척박한 세상에서 그나마 남은 하나의 등대였다.

다시 읽은 고전

두보시선

두보 지음,
이원섭 옮김, 현암사, 2003

중국 성당시대 최고의 시인 두보의 작품을 엮은 시집. 현실과 조화를 이룰 수 없는 내적 갈등에 시달렸던 시인은 피폐한 사람과 영락한 사물을 따뜻하게 돌아보고, 보다 많은 사람들이 행복해지는 방법에 대해 고민하고 열정적으로 시를 썼다. 널리 인간의 심리, 자연의 사실 가운데 그때까지 발견하지 못했던 새로운 감동을 찾아내어 시를 지었으며, 장편의 고체시는 주로 사회성을 발휘하였으므로 시로 표현된 역사라는 뜻으로 시사詩史라 불린다.

두보杜甫, 712~770

중국 최고의 시인으로 시성詩聖이라 불렸던 성당시대의 시인. 자는 자미子美, 호는 소릉少陵이었다. 이백과 함께 중국 시단을 대표하는 시인으로 알려져 있다. 두보가 처한 시대는 당나라가 찬란한 번영을 구가하다가 안사의 난으로 제국의 붕괴 위기를 맞았던 때였다. 본래 정치에 뜻을 품었던 그는 안사의 난 이후로 위기와 고통에 얼룩진 삶을 살아야 했다. 정치를 바르게 펼쳐 백성을 구원하고자 했으나 운명은 그에게 기회를 주지 않았고, 역설적으로 상황이 열악해질수록 시인의 눈은 더 깊어져 갔다. 주요 작품으로는 『북정』, 『추흥』 등이 있다.

봄비 내리는 밤, 다시 읽는 두보

고등학교 국어교과서에서 두보의 시를 만났다. 당시 국어교과서에는 『두시언해』가 실려 있었다. 한시를 수업시간에 배운다는 건 매우 따분한 일이었지만, 나는 이상하게 두보의 시에 끌렸다.

국어선생님은 두보보다 이백의 기개가 더 마음에 든다고 했다. 이백의 시는 그야말로 천의무봉의 경지였고 읽으면서 호쾌함을 느낄 수 있으니 어느 정도 공감이 갔다. 두보의 시는 이백의 시에 비해 우울하고 무거웠다. 이백이 자신의 시처럼 거침없고 당대의 존경과 환대를 누리는 삶을 살았다면, 두보는 삶도 구질구질했고 인지도도 낮았다. 그의 시는 그런 삶을 그대로 담아낸 것이었다. 그런데도 왜 나는 두보에게 끌렸을까. 아마 이백의 시에서 느껴보지 못한 사람 냄새가 두보의 시에는 깊게 배어 있었기 때문일 것이다.

예부터 동정호는 들었지만, 이제 악양루에 오르니

오와 초의 땅은 동남으로 탁 트였고, 하늘과 땅은 밤낮으로 물에 떠 있구나
친척과 벗은 편지 한 장 없고, 늙어 병 든 몸 외로운 배로 떠도니
고향 산 북녘은 아직 전쟁통이라, 난간에 기대어 하염없이 눈물만 흘리네.

昔聞洞庭湖 今上岳陽樓

吳楚東南坼 乾坤日夜浮

親朋無一字 老病有孤舟

戎馬關山北 憑軒涕泗流

─두보, 「등악양루登岳陽樓」

    선생님은 「등악양루」와 「망악」을 달달 외게 했다. 서당의 소년도 아닌데 우리는 그냥 한글 음으로만 시를 읊조렸다. 그런데 묘하게도 그게 입에 달리면서 뭔가 근사한 느낌이 들었다. 그래서 지금도 그 느낌이 그대로 남아 있다. 이백의 시는 「망여산폭포望廬山瀑布」의 한 구절인 "비류직하삼천척飛流直下三千尺"이나 「산중문답山中問答」의 "별유천지비인간別有天地非人間" 정도만 기억날 뿐인데 두보의 시는 아직도 전문이 기억나는 건 아마도 그 선생님 덕분일 것이다.

    조선의 선비들도 이백보다 두보를 선호했다. 유호인은 「등악양루」라는 제목을 그대로 차용해서 시를 짓기도 했다. 물론 그가 중국의 동정호나 악양루에 오른 건 아니다. 하동 지방을 여행하면서 거

기에 있는 '악양루'에 올라 그 앞에 있는 '동정호'와 '군산'을 바라보며 자신의 심회를 읊은 것이다. 그만큼 조선의 선비는 두보의 시상뿐 아니라 그가 머물렀던 곳을 그대로 차용해서 곁에 두고 싶어 할 만큼 깊이 흠모했다. 고려시대 때부터 이제현, 이색 등을 통해 두보의 시를 귀하게 여기는 태도를 이어받은 조선시대에는 두보의 수많은 책이 간행되기도 했다.

기개 넘치는 청년의 꿈에서 노년의 회한으로

교과서에 실린 「망악」은 '산을 바라보며'라는 뜻이다. 두보의 나이 스물여덟에 유람할 때 태산을 바라보며 지은 시다. 혈기왕성할 때 지은 시답게 당당하고 기개가 넘친다. 후진타오 주석이 2006년 워싱턴을 방문했을 때 원하는 대접을 받지 못하고 노골적인 홀대를 당하자 당시 부시 대통령이 주최한 오찬에서 건배 답사로 두보의 시를 읊었다고 한다. 자신에게 치욕을 안긴 미국에게 우회적으로 불만을 표시하면서 언젠가 강대국 미국을 넘어서겠다는 기세를 드러낸 셈이다. 고등학생 때에는 청년의 기개를 품은 「망악」에 끌렸었다.

그에 비해 「등악양루」는 비장하고 외롭고 쓸쓸하며 애처롭다. 청소년 시기에 공감하기 쉽지 않았다. 그러나 나이 들어가면서 이상하게도 이 시에 더 마음이 끌렸다. 경험하지 않은 미래의 꿈에 대한 당당함보다는 살아온 삶에 대한 짙은 성찰과 회한의 담백함이 나이가 들수록 더 끌렸다.

두보가 겪은 삶은 맵고 시렸다. 어느 것 하나 마음대로 되는 게 없고 어쩌다 기회가 주어지면 기다렸다는 듯 다른 액운이 그것마저 빼앗았다. 말단 직책을 겨우 얻었지만 모함에 빠진 친구를 옹호하다 황제의 노여움을 사서 좌천되는 일쯤은 애교에 불과했다. 난리 속에 호구지책조차 마련하지 못해 아들이 굶어 죽는 걸 수수방관할 수밖에 없었던 아비의 심정은 어떠했을까. 늙고 병들어 가는데 여전히 외로운 시인의 한탄이 고스란히 전해진다. 그러나 여러 차례 반복해서 읽으면 구질구질한 푸념이 아니라 삶에 대한 깊은 성찰과 그것에 초연하고 싶어 하는 두보의 심정이 읽힌다.

랭보와 기형도의 시는 분명 매력적이고 천재성이 빛난다. 그러나 이들의 시에서 삶의 궤적을 통해 유장하게 흐르는 서사와 성찰을 발견하기는 힘들다. 반면 두보의 시에서는 그의 삶과 그가 살았던 세상의 변화를 긴 호흡으로 만날 수 있다. 이는 이백과 두보가 다른 지점이기도 하다. 두보의 시에는 고통스러운 삶을 살지 않고는 뱉어 낼 수 없는 회한이 담긴 동시에 삶에 대한 깊은 성찰과 수용이 담겨 있다.

「춘야희우」를 다시 읽다

힘든 나날을 보냈던 두보에게도 잠깐의 평화와 화목의 시간이 찾아온다. 안록산의 난으로 인해 전쟁과 기근의 고통 속에서 유랑하던 두보가 48세에 남은 가솔들과 함께 청두 남쪽에 있는 완화계반이라는 냇가 언덕에 띠집을 짓고 정착했던 시기다. 그 평화의 시기에 두보가 빚어낸 절창이 바로「춘야희우」이다. "봄밤의 기쁜 비"라는 뜻의 제목이다. 물론 현실은 그다지 평화롭거나 윤택하지 않았지만, 잠깐의 안정과 평화의 시기에 그는 이토록 따뜻한 시를 지었다.

> 좋은 비 때를 알아 好雨知時節
> 봄이 되니 비 내리네 當春乃發生
> 바람 따라 몰래 밤에 들어와 隨風潛入夜
> 촉촉이 만물 적시네, 소리도 없이 潤物細無聲
> 들길 온통 구름 깔려 어둡고 野徑雲俱黑
> 강물 위 둥실 뜬 배의 불빛만 빛나네 江船火獨明
> 새벽 붉게 젖은 곳 바라보노라면 曉看紅濕處
> 금관성엔 꽃들 활짝 피겠구나 花重錦官城
> ─두보,「춘야희우春夜喜雨」

금관성은 쓰촨성 청두의 옛 이름이다. 줄여서 '금성'이라고도 부른다. 잠깐이나마 정주하면서 농사를 짓고 조금은 여유롭게 전원생활을 하고 있던 시기였기에 이런 한가하고 따뜻한 시를 지을 수 있었을 것이다. 물론 이 시의 배경과 현실에 대해 다른 해석도 있다. 그의 농촌생활은 여유로운 전원생활이라기보다는 비참하고 가난한 생활이었고, 안록산의 난으로 인한 혼란은 여전해서 백성들은 식량도 제대로 지급받지 못하고 힘들게 지내고 있었다. 첫 행 "호우지시절"도 실은 비도 제때를 알아서 때마침 내리는데 사람의 일은 그렇지 못하다는 비아냥과 원망이 담긴 것이라는 해석도 있다.

  나는 그런 원망보다는 봄비에 대한 고마움이 더 큰 것이라고 본다. 당시 쓰촨성에는 겨우내 가뭄이 들어 사람들이 많은 어려움을 겪고 있었다. 가뭄은 농사짓는 백성들에게 가장 두려운 위험이었다. 그 가뭄이 지속되면 삶은 더욱 곤궁해질 수밖에 없다. 그러한 때에 대지를 흠뻑 적셔주고 만물을 소생시킬 봄비가 밤새 내리니 얼마나 기쁘겠는가. 두보의 밭에만 내리는 비가 아니다. 모든 백성들에게 반갑고 고마운 비다. 그런 봄비를 보고 기쁜 마음에 이 시를 지은 것이다. 그러니 두보의 이전 삶이 매서웠을지라도, 잠시의 그 기쁨이 크고 고마웠을 것이라 생각한다.

  하늘에는 비구름이 가득하고 달도 뜨지 않았다. 캄캄한 밤이다. 세상 또한 어지럽고 어둡다. 멀리 강 위에 배 한 척 떠 있고 그 배에서 불빛만 가물가물 비춘다. 희미하지만 빛은 어둠을 가르고 다르다. 희망처럼. 그리고 다음 날 새벽 봄비 맞은 꽃망울들은 꽃을 틔워 세상은 붉은 꽃 기운으로 반짝일 것이다. 봄비는 촉촉이 대지를 적시고 식물을 깨워 겹겹이 꽃을 피운다. 그래서 수도인 청두, 즉 금관성을 붉게 적실 것이다. 시각적으로도 얼마나 아름다운가. 봄비는 어둠 속에 내리지만 붉은 꽃을 피운다. 그 절경이 마지막 두 행에 고스란히 담겼다. 때 마침 내린 봄비가 주는 기대와 환희가 절정을 드러내준다. 두보의 시에서 좀처럼 보기 힘든 색채감이 풍부하다.

  젊은 시절에는 두보의 「춘야희우」를 별 감흥 없이 읽었다. 어쩌면 '두보다운' 처연함과 극기의 결기 혹은 의연함을 지니지 못해서 은근히 밀어두었던 것 같다. 하지만 예순을 앞둔 나이에 이 시를 다시 읽으며 그의 마음이 헤아려진다. 다시 읽는 맛이 새롭고 달다.

많은 문학이 그렇지만 특히 시는 시인이 감당한 시간의 흐름에 따라 그리고 그 시간의 흐름을 내 삶으로 뒤따르면서 같은 나이로 읽는 맛이 다르다. 봄비 내리는 밤, 나는 다시 두보의 「춘야희우」를 꺼내 든다.

2장 — 다시 읽은 인문

다시 읽은 고전

조선상고사

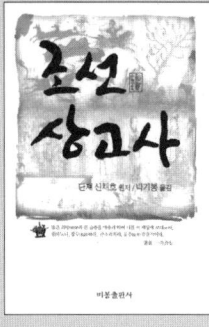

신채호 지음,
박기봉 옮김, 비봉출판사, 2006

신채호가 우리나라의 상고시대의 역사를 서술한 책. 단군시대로부터 백제의 멸망과 그 부흥운동까지 서술돼 있다. 1931년에 〈조선일보〉 학예란에 연재되었고, 1948년에 종로서원에서 단행본으로 출간되었다. 본디 신채호의 '조선사' 서술의 한 부분이었는데, 연재가 상고사 부분에서 끝났기 때문에 '조선상고사'라고 불리고 있다.

단재 신채호 丹齋 申采浩, 1880~1936

일제강점기의 독립운동가, 사학자, 언론인. 〈황성신문〉과 〈대한매일신보〉 논설기자를 하면서 국민계몽 기사를 썼다. 러시아와 중국을 다니면서 직접 답사하고 수집한 자료를 바탕으로 역사를 썼다. 의열단을 위해 조선혁명선언을 썼고, 무장 항일투쟁을 지지하였다. 1919년에는 대한독립청년단을 조직해서 단장을 맡았고, 1926년 무정부주의 자동방연맹에 가입하여 폭탄제조 설치 자금을 마련하기 위해 다니며 일본제국에 맞서다 잡혀서 여순 감옥에서 순국하였다. "역사라는 것은 아我와 비아非我의 투쟁이다"라는 명제를 내걸어 민족사관을 수립, 한국 근대사학의 기초를 확립했다.

생의 마지막에
완성한 투쟁의 역사

21세기의 방식은 20세기의 그것과 확연히 다르다. 20세기가 속도와 효율의 시대였고 교육도 거기에 맞추어갔다면, 21세기는 창조와 혁신 그리고 융합의 시대다. 최근 많이 회자되고 있는 '4차 산업혁명'을 한마디로 정의하기는 쉽지 않지만, 새로운 혁명이나 기술의 등장이라기보다는 기존의 기술을 토대로 다양한 분야를 빅데이터에 입각해 통합하고 융합하는 것이라고 볼 수 있다. 우리가 호들갑 수준으로 4차 산업혁명에 주목하는 것은 완전히 새로운 방식으로 대두되는 미래의 삶과 사회에 대한 두려움의 표현이기도 하다. 미래는 언제나 낯설게 다가오는 법이지만 그 변화의 폭과 속도가 이전의 것을 훨씬 뛰어넘을 때 우리는 과거의 방식과 결별하는 것이 쉽지 않다. 하지만 그 변화를 받아들여야 함을 우리는 역사를 통해 깨닫는다. 역사는 인류가 변화의 시대에 어떻게 대처해왔는지를 냉정하게 기록했고, 우리는 역사에서 지금 시대의 교훈을 찾는다.

역사를 바라보는 관점에 대해 다양한 입장들이 있다. 독일의 역사가 랑케는 객관성에 입각해 역사를 해석해야 한다는 입장이었고, 콜링우드는 역사가의 경험에 입각해 문화와 문명의 중요한 유형과 그 운동을 발견할 수 있다는 주관주의적 입장을 견지했다. E.H. 카는 객관주의와 주관주의를 절충해 "역사란 현재와 과거의 끊임없는 대화"라는 시각을 제시했다.

기원전 5세기경 공자가 역사서 『춘추』를 쓴다는 소문이 돌자 난신적자들은 몸을 사렸다고 한다. 당대의 악인조차 역사의 눈을 두려워했음을 알 수 있다. 사마천이 궁형을 당한 치욕을 버티며 『사기』를 써내려가지 않았다면 후대인들이 과거를 통해 미래를 읽어낼 수 있었을까.

우리네 민족사학자 박은식과 신채호의 역사는 비장하다. 일제의 역사 왜곡 시도에 맞서 그들은 나라를 빼앗겨도 역사는 빼앗길 수 없다고 부르짖으며 『조선통사』, 『조선상고사』를 지었다. 신채호는 오류의 역사를 경계하며 고대사를 제대로 인식해야 한다고 강조했고, 그래야 독립운동의 바탕을 제대로 마련할 수 있다고 믿었다.

망국의 치욕을 겪은 신채호는 차라리 혁명가의 길을 걷는다. 감옥에 갇혀 죽는 순간까지 독립운동에 열성이었던 그에게 중요한 것은 식민지 조국의 비통함을 벗어나는 일이었다. 독립에 대한 열망을 불태웠던 그에게 역사는 "아我와 비아非我의 투쟁"이었다.

논쟁이 끊이지 않았던 단재의 역사서

대학생 때 신채호의 『조선상고사』를 읽었다. 당시 한국사를 이기백 교수에게 배웠는데 그 책을 소개하며 꼭 읽어보라 했다. 내가 신채호의 역사서를 읽었을 때는 이미 독립한 뒤였지만 유신 말기의 처참한 상황이었기에 그가 역설한 '투쟁'의 역사 인식은 또 다른 의미의 시퍼런 칼날로 다가왔다.

박정희는 보잘것없는 집안의 출신으로 일제강점기에 스스로 일본의 군인이 되어 입신양명을 이루고자 했던 인물이다. 심지어 만주군 장교가 되어 독립군을 소탕하는 일까지 마다치 않았다. 해방이 되자 뻔뻔하게 대한민국 군대의 장교가 되었고 남로당 활동으로 정군의 대상이 되자 동료를 토해내고 자신만은 살아남았다. 끝내 쿠데타로 정권을 찬탈하고 헌법을 뜯어고치고 민주주의를 유린하면서까지 종신 집권을 꿈꿨던 그는 어떠한 역사를 읽었을까. 나의 유년기와 청년기는 그가 훼절한 역사의 굴절로 억눌려 있었다. 그런데 다시 정권을 차지한 그의 딸이 아비의 허물을 감추고 미화하는 국정교과서 획책을 목격했을 때 과거의 분노와 악몽이 다시 떠올랐다.

"역사^{歷史}는 무엇인가? 인류사회의 '아^{我}'와 '비아^{非我}'의 투쟁이 시간으로 발전하고 공간으로 확대되는 마음의 활동 상태의 기록이다."

『조선상고사』의 첫머리에 나오는 문장이다. 단재는 강철처럼 단단하고 굳은 자아의식의 중요성을 일깨웠다. 자아의식이 없는 자의 역사는 애당초 성립할 수 없다. 실력을 먼저 양성한 뒤에 독립운동에 나서야 한다고 주장했던 자들의 상당수가 끝내는 변절하고 심지어 일제의 주구 노릇에 앞장섰던 것이나, 그들의 후손들이 21세기 역사마저 망가뜨리고 있는 것은 혼이 없는 망령들의 난동과 다름없다. 못 배운 자들의 맹종과 배운 것들의 부역이 현재의 왜곡을 공고히 했다.

이 역사서가 민족주의 색채가 농후하다며 부담스러워하는 이들도 있다. 특히 친일을 당대 현실에 비춰 어쩔 수 없는 것이라 변명하거나 심지어 미화까지 시도하는 자들의 태도가 그러하다. 그들은 단재의 역사의식이나 역사서를 좁은 틀 안에 가둬놓고 비과학적이라거나 비역사적이라고 호도하기까지 한다. 특히 단재가 신라의 삼국통일을 부정적으로 평가한 것에 대해 이러한 말들이 많은데, 왜 그러한 평가를 내렸는지 냉정하게 곱씹어야 할 부분이다.

단재는 결코 민족주의적 해석에만 몰두한 편향적 역사가가 아니었다. 그는 수많은 기록들을 연구했고 해박한 지식과 성찰을 통해 일제의 식민사관에 맞섰다. 나 역시 대학 시절에 이 책을 읽었을 때 묘한 거부감이 들었던 게 사실이다. 하지만 그러면서도 그의 역사관에 대해 어느 정도 공감할 수 있었다. 아직도 식민사관에 길들여진 자들이 권력을 쥐거나 그들의 편에 서서 교묘하게 역사를 호도하고 있는 것은 참으로 부끄러운 일이다.

그는 편향적 민족주의자가 아니었다

19세에 성균관에 입학해 25세에 성균관 박사가 된 신채호는 신동으로 불렸다. 1905년, 그가 성균관박사가 되던 해에 을사늑약이 체결되자 관직을 그만두고 〈황성신문〉에 논설문을 쓰기 시작했다. 다음 해 〈대한매일신보〉의 주필이 되었으며 이후 신민회, 신한청년회, 대한독립청년단 등에서 활동하며 독립운동에 몰두했다. 1925년경부터 무정부운동에 뛰어들어 자금 조달 차 타이완으로 가던 도중 체포되어 10년 징역형을 선고받고 뤼순감옥에 투옥됐으며, 감옥에서 순국했다. 『조선상고사』는 단재가 투옥시절 '조선사'라는 제목으로 쓴 글의 일부였다. 연재가 상고사 부분에서 끝났기 때문에 '조선상고사'로 제목 지어졌다. 그가 죽은 지 12년 후 이 책은 정식 출간되었다.

『조선상고사』의 오류에 대한 논쟁은 끊이지 않았다. 연도나 명칭 등에 적지 않은 오류가 발견되어 책의 신뢰도에 대해 트집을 잡는 의견이 늘 불거져 나왔다. 하지만 단재는 감옥에서 참고할 서적도 없이 오로지 기억력에 의존해 글을 써내려가야 했다. 그러니 오류가 나올 수밖에 없었을 것이다. 이런 사정을 고려하지 않고 식민사학자들이 편히 책상머리에 앉아 '과학적 역사주의' 운운하며 이 책의 가치를 폄하하는 것은 적반하장이다.

단재는 역사를 객관적으로 서술하기 위해서는 사료를 선택, 수집, 비판해야 한다는 실증주의를 지지했다. 그가 비판하고 거부한 것은 종래의 한국사 인식체계였다. 단군-기자-위만-삼국으로 계승

되는 도식적 인식을 비판하고, 대단군조선- 삼조선-부여-고구려로 계승되는 역사체계를 다시 세웠다.

단재가 상고사에 대해 관심을 가진 것도 기존의 역사책들이 우리 역사가 본격적으로 전개된 시점을 삼국시대 이후로 본 점을 비판하기 위해서였다. 이런 시각으로 인해 우리 역사의 주 무대가 한반도와 만주 지역 일부로 축소되었고, 타율적으로만 기록되었다고 통탄한다. 단재가 본 상고시대 우리 역사는 중국의 동북 지역과 북만주, 발해만 유역, 요서 지역까지 미쳤으며, 단군시대에는 산동 지역을 경영했고 산시와 장강(양쯔강) 유역까지 영향력이 미쳤다. 그는 한반도 내에 존재했다는 한사군이 한반도 밖에 있었을 것이라고 주장한다. 따라서 한국사의 본격적인 전개 시기와 활동 시기는 당연히 삼국시대 이전이라고 보는 것이다. 오늘날 중국의 동북공정 역사 왜곡을 일찌감치 거부하는 담대한 관점이다.

단재는 신라를 중심으로 역사를 기술하는 김부식의 『삼국사기』를 단호히 배격하고 비판한다. 그는 고구려와 백제에 대해서는 많이 할애했지만 신라에 대해서는 의도적으로 경시했는데 '아와 비아의 투쟁으로서의 역사'라는 관점에서 볼 때 고구려는 우리 민족을 외세로부터 보호하고 치열한 전투에서 승리한 주체였지만 신라는 지역적 패권 장악을 위해 외세를 끌어들여 굴욕의 역사를 배태한 세력이라고 여겼기 때문이다. 신라는 대외 투쟁을 거의 경험하지 않았고 당의 세력을 끌어들여 백제와 고구려를 멸망하게 했으며 결국 옛 고구려의 영토를 영원히 상실했다는 점에서 매서운 비판의 대상이 된다. 그는 백제에 대해서는 호의적인 입장이었는데, 부여와 고구려를 계승한 백제는 중국의 요서와 산동지방, 일본 지역까지 영토를 넓힌 점을 높이 평가했다. 백제의 부흥운동을 자세하게 기술한 것도 그런 맥락에서였다. 사실 이러한 서술이 비실증적이라는 비판을 받는 대표적인 이유이기도 하다.

물론 단재의 서술이 그의 주장처럼 실증적인가 하는 점은 의문의 여지가 많다. 그러나 상고사는 작자의 의도에 따라 사실관계가 달라지는 '불완전한 역사'다. 단재 자신의 고백에 따르면 그는 나름대로 현존하는 기록들을 토대로 장단점을 파악하고 대조하여 1천 년 이상 역사에서 의도적으로 배제되거나 축소된 우리의 고대사를 바로잡으려 했다.

단재는 역사의 과장법을 경계했다. 그 대표적 사례가 바로 '살수대첩 신화'다. 을지문덕이 겨우 수천 명의 군사를 이끌고 수나라의 수백만 대군을 무찌른 것으로 알려진 신화는 그릇된 것이다. 이미 고구려는 멸망 당시 30만 명의 상비군을 보유한 군사 강국이었다. 그러니 영양왕의 전성기였던 시기에 을지문덕이 지휘한 군대는 그 이상의 대군이었을 것이다. 단재는 "왕이 직접 수군을 거느렸다"고 적힌 광개토대왕릉 비문이나 "고구려가 거란과 함께 우리의 해상 경비병들을 죽였다"고 한 수양제의 선전포고문을 근거로 고구려의 수군만 해도 수만 명에 가까웠을 것이라고 추론한다.

이처럼 단재는 실제 기록과 자료에 근거해 실증주의적 역사 서술에 충실하고자 했다. 근거가 명확하지 않은 사실은 추가적 조사가 필요하다고 분명히 밝혔으며, 여러 기록을 비교 분석해 시대 상황과 정세에 맞춰 사실에 가장 가까운 내용을 채택했다. 심지어 기록의 내용이 의심스럽거나 거짓으로 여겨지는 것은 아무리 우리에게 유리한 가설이라 해도 의문을 표하며 채택하지 않았다. 이러한 점들을 비춰볼 때 단재의 주장이 지나치게 민족주의적이고 추론에만 근거했다고 폄하하는 것은 공정하지 않다.

그는 역사 기록 말살의 가장 큰 이유는 외세의 침략도 전쟁도 아니요, 후세의 왕조가 이전의 왕조를 의도적으로 폄하하는 과정에서 역사적으로 자랑할 것들조차 파괴하고 불살라 없앴기 때문이라고 말한다. 단재는 고조선, 부여, 고구려, 백제 등은 강성했고 중국과 대등하게 대결하고 경쟁했지만 멸망했는데 그 배경에는 반드시 내부의 분열이 먼저 있었음에 주목하라고 말한다. 그러한 분열이 끝내 매국과 붕괴를 재촉했다고 강조한다.

뤼순감옥에서 단재는 민족의 혼과 정신을 제대로 다잡아야 나라를 바로 세울 수 있다는 일념으로 고대사를 썼다. 『조선상고사』는 단재가 그것을 수행하다 시력을 잃을 정도로 혼신을 쏟아낸 유작이었다. 오늘날 단재의 따끔한 지적이 여전히 웅혼하다. "역사를 잊은 민족에게 미래는 없다."

다시 읽은 고전

축의 시대

카렌 암스트롱 지음,
정영목 옮김, 교양인, 2010

카렌 암스트롱이 기원전 900년부터 기원전 200년까지 세계의 주요 종교와 철학이 탄생한 인류사의 가장 경이로운 시기를 다룬 역사서. '축의 시대'는 독일의 철학자 카를 야스퍼스가 제시한 문명사적 개념이다. 야스퍼스는 동서양을 막론하고 모든 인류가 정신의 기원으로 인정할 수 있는 시대를 설정하고 그 시기를 '축의 시대'라고 이름 붙였다. 카렌은 인간의 윤리적 각성과 철학적 성찰이 폭발하던 축의 시대를 돌아봄으로써 우리 시대의 위기를 극복할 돌파구를 찾을 수 있다고 보았다.

카렌 암스트롱 Karen Armstrong, 1944-

영국의 종교 역사학자. 1944년 영국에서 태어났다. 18세에 로마 가톨릭 수녀로 살기로 결심했다가, 옥스퍼드 대학의 학업과 병행했던 7년간의 수녀 생활 끝에 자신의 탐구정신과 부딪치는 수녀원의 전통적인 엄격함에 실망하여 환속했다. 이후 옥스퍼드를 수석으로 졸업하고 교직과 저술 활동을 시작했다. 2009년 황금률에 기반한 '공감의 헌장'을 주창하고 세계의 다양한 민족과 종교들이 공감의 가치를 설득하면서 비교 종교학의 핵심 가치를 실천에 옮기고 있다. 『축의 시대』, 『스스로 깨어난 자 붓다』, 『마음의 진보』, 『신화의 역사』, 『신을 위한 변론』 등 다수의 종교 서적을 썼다.

새로운 축의 시대를 꿈꾸다

몇 년 전, 서점에서 반가운 책을 만나 기쁜 마음으로 구입해 흠뻑 빠져 읽은 적이 있다. 700쪽에 가까운 본문에 각주만 60쪽이 넘는 엄청난 분량의 '벽돌 같은 책'이라 부담스러웠지만 기다리던 책이라서 한걸음에 읽었다. 엄밀히 말하자면 '기다리던'이라는 말에는 특별한 의미가 담겨 있다.

'축의 시대'라는 말을 알게 된 것은 대학시절 종교학 수업에서였다. 비교종교학의 대가인 김승혜 교수가 카를 야스퍼스의 '축의 시대'를 설명하면서 기원전 5세기 전후의 인류 문명에 주목해야 한다고 설명했다. 그때 교수가 카렌 암스트롱의 논문을 복사해주었던 게 기억난다. 그리고 시간이 흘러 가톨릭대학에 교수로 재직했을 때 카렌 암스트롱의 책을 대학 도서관에서 만났다. 한참 카렌의 관점과 연구에 흥미를 느끼고 있던 터라 무척 반가웠다. 당시 영어본으로 나와 있던 책의 제목은 『The Great Transformation(거대한 전환)』

이었다. 잔뜩 흥분된 마음으로 책을 읽었지만, 내 전공서적도 아니었고 분량도 워낙 많아 중간쯤에 포기하고 반납해야 했다. 그러다가 카렌 암스트롱의 책이 우리말로 번역되었다는 기사를 보고 바로 서점으로 달려갔던 게 엊그제 같은데 벌써 10여 년이 지났다.

지적 · 철학적 · 종교적 변화의 시대

야스퍼스가 말한 '축의 시대'는 인간의 창조성이 가장 뜨겁게 폭발했던 시대였다. 지금까지 세계를 지배하는 대부분의 종교와 철학이 탄생했던 시기이기도 하다. 중국에서는 유교와 도교, 인도에서는 힌두교와 불교, 이스라엘에서는 유대교가 탄생했다. 그리스에서는 철학적 합리주의가 태동했다. 호메로스와 소크라테스 이전 그리스 철학자들은 약 400년에 걸쳐 놀라운 생각의 도구들을 개발해냈다. 어떻게 이렇게 약속이나 한 듯 동서양을 가로지르며 비슷한 시기에 인류 문명사를 획기적으로 바꿔놓는 변화가 가능했을까.

인류의 역사는 전쟁의 역사였다. 역사의 발전과 전쟁은 늘 함께했다. 전쟁과 폭력이 난무하는 환경 속에서 인간의 지성은 조금씩 진보해갔고, 문명도 진화했다. 그리고 축의 시대에 그것이 폭발했다. 전쟁과 폭력이 절정에 치달은 시기에 인간 존재에 대한 본질적 질문과 성찰도 함께 뒤따랐다. 폭력과 탐욕에 대한 반성과 윤리적 성찰은 철학적 성찰로 이어졌다. 또한 인간의 존재에 대한 반성적 성찰은 삶과 그 이후의 세계에 대한 탐구와 종교적 성찰로 이어졌다. 그것은 어떤 의미에서는 살아남고 번영하려는 실존적 욕망의 발현이라 할 수 있다.

카렌 암스트롱의 『축의 시대』는 인류사의 수수께끼로 불리는 이 문화적 '평행현상'을 전 지구적으로 새롭게 조명한 역작이다. 수녀원에 입회해 수도생활을 하다가 환속한 이력이 있는 카렌은 문학을 공부하고 비교종교학을 전공했다. 그녀의 저서는 종교학적 지식과 영성적 통찰력이 잘 어우러져 있다.

카렌은 축의 시대를 "생각이 탄생했던 시기"라고 정의한다. 인간의 생각이 지성의 꼴을 갖추면서 다양한 문명의 황금기를 열었다. 그 생각들이 '철학'과 '종교'라는 꽃으로 피어났고, 현대 문명이 시작되었다. 이는 '동물적인 삶'에서 '인간적인 삶'으로의 전환이었다. '돌격의 뇌'에서 '관계의 뇌'로의 전환이었고, 공감과 관용의 시대로의 진입이었다. 뜨거운 창조가 샘솟는 시대였다.

축의 시대를 한마디로 요약한다면 '새로운 정신세계'의 등장이다. 문자의 출현은 그러한 혁명을 앞당겼을 것이다. 문자는 인간의 정신을 체계화하고 축적하고 전승할 수 있는 도구였다. 문자의 탄생과 함께 인간의 정신과 문명도 비약적으로 발전했다. 인류 역사를 돌아보면 이처럼 획기적이고 혁명적인 발전의 시대를 찾기 어렵다. 그렇기에 다음과 같은 단호한 서술이 가능할 것이다. "우리는 한 번도 축의 시대의 통찰을 넘어선 적이 없다."

우리는 축의 시대의 통찰을 넘어선 적이 없다

'축의 시대'가 모두 균일하게 진화한 것은 아니다. 여러 지역에서 축의 시대가 개화하는 시기나 방식은 조금씩 달랐다. 그러나 급격한 도시화, 인구 증가로 인한 사회경제적 변화가 일어났다는 공통적인 배경이 있다. 빠른 사회적 변화에 인간의 지성은 적응 방법을 모색해야 했다. 계속되는 전쟁은 폭력과 무질서를 해결해야 할 근원적 당위에 천착하게 했고, 인류는 신화의 세계에서 벗어나 인간 내면에 집중하기 시작했다.

카렌은 머리말에서 우리가 알고 있는 것과 달리 축의 시대의 현자들이 종교성을 거부했고, 신학에 대한 논의조차 거부한 이도 있음을 밝혔다. 그것이 정신을 흐트러뜨리고 해를 입힌다고 생각했기 때문이다. 어떤 현자들은 종교에서 기대하는 절대적 확실성을 찾는 것이 미숙하고 비현실적인 태도라고 주장했다. 축의 시대에 발전한 전통들은 인간 의식의 한계를 밀고 나아갔으며, 인간 내면의 초월적 차원을 발견한 것들이다. 이런 점들이 현대인들에게는 종교적으로 느껴졌을 것이다. 이를 제대로 읽지 못한 사람들이 축의 시대를 엉뚱하게 종교가 발흥한 시기였고, 종교를 통해 인류의 역사를 통찰해야 한다고 주장하는 것은 참으로 개탄스럽다. 한심한 오독이 아닐 수 없다.

그러나 실제로 축의 시대에서는 어떤 예언자나 철학자가 강제적인 교리를 고집하는 것 자체가 동력을 잃는 신호로 작동했다. 축의 시대의 현자와 철학자들은 교리나 형이상학에 전혀 관심이 없었다. 그들은 종교적인 가르침이나 믿음을 아무 의심 없이 또는 간접적으로 받아들여서는 안 된다고 생각했다. 모든 것을 의심하고, 모든 가르침을 경험적으로 검증하는 것이 필수라 믿었다. 오늘날 온갖 교설과 이념의 노예가 된 홍위병들을 보면, 카렌의 말처럼 우리는 축의 시대의 통찰을 넘어선 적이 없는 것 같다.

축의 시대에서 중요한 것은 무엇을 믿느냐가 아니라 어떻게 행동하느냐였다. 축의 시대 이전에는 제의와 동물 희생이 종교적 탐구의 중심이었지만 축의 시대에는 거기에 새로운 윤리적 의미를 부여하고 정신적 생활의 중심에 도덕성을 갖다 놓았다. 종교의 핵심은 깊은 수준에서 자신을 바꾸는 행동을 하는 것이다. 지금 우리의 신앙생활을 윤리적으로 성찰하고 정신적 활동의 중심에 도덕성을 놓고 있는지 자문해볼 일이다.

철학에서도 도덕성은 중요했다. 어떤 의미에서 도덕성은 종교와 철학을 이어주는 가교 역할을 했다고 볼 수 있다. 카렌은 이처럼 새로운 감수성이 출현한 시대의 사례로 춘추시대를 언급한다.

> 상나라와 초기 주나라는 별 생각 없이 짐승을 수백 마리씩 죽여 희생제를 지냈다. 자신들의 자원이 무궁무진하다고 믿은 것이다. 아무런 불안도 없이 선물도 푸짐하게 주었고, 잔치에서 고기도 대량으로 소비했다. 그러나 식량 부족 사태가 벌어지자 사람들은 이런 호사를 비난의 눈길로 보게 되었다. 희생 제물의 대량 살육은

더는 일어나지 않았고, 죽이는 동물의 숫자도 예법에 따라 엄격하게 통제되었다.

"예법에 따라" 통제한다는 것은 도덕적 성찰의 결실이다. 그렇게 해서 만들어졌던 법과 제도는 도덕성의 본질과 맞닿아 있다. 이는 축의 시대가 그저 위대한 인물이 한꺼번에 나왔다거나, 철학적·종교적 대전환에만 의의가 있는 것이 아니라는 방증이다. 전통적으로 내려온 예법이 어떤 제도와 체제를 유지하기 위한 방책이 아니라 공존과 배려, 관용의 산물이라는 점을 읽어낼 수 있다면, 지금 우리 사회가 겪고 있는 양극화나 독점적 소유의 악습을 완화시킬 방법도 마련할 수 있을 것이다.

축의 시대에서 위기의 돌파구를 찾다

우리는 '축의 시대'를 되돌아봄으로써 폭력과 증오, 불관용으로 점철된 우리 시대의 위기를 극복할 돌파구를 찾을 수 있다. 그것이 카렌이 의도한 핵심 주제이기도 하다. 폭력과 야만이 구조적으로 체제화되어 난공불락의 철옹성이 되고 있는 현실에서 정신적 혁명이 이루어져야 한다는 것, 카렌은 이를 강조하고자 했다. 끝을 모르는 욕망의 질주와 비인간화, 폭력의 구조화를 깨뜨려야 한다. 그런 의미에서 축의 시대는 종결된 것이 아니다. 지금 그 혁명의 정신을 되살려야 할 때다. 우리는 축의 시대가 정치적 격정과 폭력의 시대에서 탄생했음에 주목해야 한다.

　카렌은 특히 '공감 정신'을 강조한다. 공감 정신은 인간의 지성과 영성의 토대이며 사회를 건강하게 하는 밑돌이기 때문이다. 카렌은 공감 정신이 빛나던 모델을 중국에서 발견한다. 중국은 실리를 제의의 아름다움에 종속시켜 전쟁을 제어하려 했다. 공자를 위시한 노나라 지식층은 제의의 개혁을 주도했다. 인간에 대한 예를 잃고, 질서가 없는 난신적자의 사회에서 공자는 양보와 배려의 정신을 갖춘 예禮를 회복할 것을 주문했다. 공자의 군자는 이를 체계화한 것이다. 군자의 사회는 지배층이 도덕성을 회복하고 실천하는 사회다. 군자가 되기 위해선 엄격한 도리와 수행을 해야 한다. 쉽지 않은 길이지만, 이를 실천하는 지배계층이어야 민초들의 존경과 신뢰를 받을 수 있다. 그것은 넓은 의미에서 공감의 확장과 교환이다.

　공자는 법과 질서 이상의 것을 목표로 삼았다. 그는 '전통적 관습과 전례의 세목에 매달리는 소심한 보수주의자'가 아니었다. 공자는 제의에서 자기중심주의를 밀어내고, 제의의 영적이고 도덕적이고 심오한 잠재력을 끄집어냈다. 여기서 말하는 '제의'나 '영적'이라는 말은 종교적 의미와 거리가 멀다. 공자는 종교의 문제는 논외로 유보했다. 그는 더 나아가 그런 예를 통해 귀족뿐 아니라 누구라도 전례를 실행하면 심지어 출신이 미천한 사람이라도 군자가 될 수 있다고 주장했다. 이는 부처가 불가촉천민의 출가를 허용했을 뿐 아니라 급기야 그들이 수제자가 되는 것을 허용한 점과 상통한다. 축의 시대의 정신은 이러한 공감과 관용의 보편적 인식과 실천으로 이어지는 것이었다.

축의 시대에 서로 전혀 교류가 없던 네 지역에서 거의 같은 내용의 정신적 도약이 일어났다. 바로 '인간 내면의 발견'이었다. 그것이 축의 시대를 견인했다. 그렇다면 지금 우리가 '새로운 축의 시대'를 꾀하기 위해서는 '새로운 인간 내면의 발견과 성찰'이 이루어져야 할 것이다.

카렌의 성찰이 야스퍼스의 것과 다른 점은 타인의 고통을 함께 느끼고 인간의 비참을 함께 슬퍼하는 공감과 자비의 정신을 축의 시대에서 발견했다는 점이다. 카렌은 폭력과 두려움에 직면한 인류가 축의 시대를 발견했음을 강조하며 우리 시대가 안고 있는 수많은 난제들을 넘어 어떻게 미래의 비전을 찾아낼 것인가를 묻는다. 그 물음이 우리 가슴에 묵직한 돌을 던진다.

다시 읽은 고전

맹 자

맹자 지음,
박경환 옮김, 홍익출판사, 2005

유교사상을 완성한 맹자의 철학이 담긴 정치사상서. 맹자는 당시 모든 제후들이 시행하는 정치를 힘에 의존하는 패도정치로 규정하고 비판하면서, 통일된 천하의 왕이 되는 가장 빠른 방법으로 왕도정치를 통한 민심의 획득을 제시한다. 왕도정치란 곧 왕의 덕에 바탕한 어진 정치인데, 맹자는 왕도정치의 조건으로 왕의 도덕적인 마음, 민생의 보장을 통한 경제적 안정, 현능한 관리의 등용, 적절한 세금의 부가와 도덕적 교화 등을 제시하고 있다.

맹자孟子, BC 372~BC 289년 추정

중국 전국시대의 철학자이자 정치가. 산둥성의 작은 마을에서 태어났다. 이름은 가軻, 자는 자여子輿이다. 공자와 더불어 유학을 대표하는 인물이다. 무력으로 영토를 넓히려는 패도가 횡행하던 시대에 덕으로 사람들을 감화시켜 인의仁義를 실천하는 정치, 즉 왕도 정치를 주장했다. 한편 맹자는 성선설性善說에 입각해 인간의 본성을 탐구하기도 했는데, 순자의 성악설性惡說과 함께 중국 철학사에 중요한 쟁점을 남긴 이로 평가받는다.

혁명가에게는 바이블, 통치자에게는 눈엣가시

고등학교 때 세계사 선생님은 로크의 저항권을 가르치면서 다음과 같은 이야기를 했다. 서양인들이 민주주의를 마치 자신들의 전유물인 것처럼 말하지만 고대 그리스 이후의 정치체제는 모두 전제정치였고, 영국의 명예혁명도 피를 흘리지 않고 정권을 교체한 사례라고 자랑스레 이야기하지만 조선에서는 수시로 집권당을 바꾼 역사가 있다고. 식민사학자들은 붕당정치의 폐해를 강조하지만, 권력의 균형을 잡기 위해 정권을 교체하는 것은 왕의 정치력의 문제였으며 정권 교체가 부자연스럽거나 과격하게 이루어질 때 환국이나 사화가 되었을 뿐이라고 했다. 그리고 다음과 같은 결론을 내렸다.

"동양에서는 아주 일찍부터 정권의 교체가 아니라 왕권의 교체의 정당성을 확보했다. 그것이 바로 맹자의 역성혁명론이었다. 언제나 권력자는 맹자를 꺼렸다. 특히 정통성이 없거나 백성을 못 살게 군 군주일수록 더 그랬다."

서슬 퍼런 유신 시대에 하기 쉬운 말이 아니었다.

조선은 이성계가 세웠지만 사상적 토대를 제공하고 뼈대를 마련한 사람은 삼봉 정도전이었다. 정도전이 끼고 살았던 책이 바로『맹자』다. 맹자의 역성혁명론이 이성계로 하여금 고려 왕조를 무너뜨리고 새로운 왕조를 세우도록 부추긴 역할을 했다. "공자, 맹자" 하면 고리타분하고 지루하다고 여겼던 청소년기에 세계사 선생님께 듣는 맹자 이야기는 내 고정관념을 한 번에 깨뜨렸다. 그러나 고등학교 때는 차마『맹자』를 읽지 못하고 대학에 들어가서 처음으로 읽었다. 여전히 유신의 암흑기였던 시절에 떨리는 마음으로 책장을 펼쳤다.

혼돈의 시대에 희망이 된 사상가들

서양사상의 축복은 소크라테스, 플라톤, 아리스토텔레스가 거의 동시대인이며 스승과 제자로 이어졌고 뒤의 두 사람이 엄청난 저작을 남겼다는 점이다. 동양에는 공자와 맹자가 있다. 그러나 두 사람은 동시대인은 아니다. 공자가 죽은 지 100년도 더 지난 뒤에 맹자가 태어났다. 그래도 다행히 두 사람의 사상은 연결 고리를 갖고 있어서 한 묶음으로 동양의 정치와 사회의 사상의 토대를 마련했다.

맹자의 이름은 가(軻)로, 추(鄒)라는 곳에서 태어났다. 공자의 고향인 곡부에 가까운 곳이다. 몇 해 전 학회에서 산둥성 취푸(곡부)의 공자연구원에 갔을 때 공자와 맹자의 묘를 참배하면서 두 곳이 아주 가깝다는 걸 실감했다. 일찍 아버지를 여의고 어머니 슬하에서 성장한 맹자는 인의(仁義)의 덕을 바탕으로 하는 왕도정치를 주장했다. 공자도 그랬던 것처럼 그가 살았던 시기는 전국시대였다. 정치적 분열 상태와 투쟁, 그리고 전쟁이 끊이지 않는 상황에서 '한가롭게' 왕도정치를 설파했다는 건 시대착오적 생각이 아니다. 오히려 시대 정신을 정확히 꿰뚫었기에 나온 혜안이었다. 그는 왕도정치를 시행하라고 여러 제후들에게 설파하며 유세했다. 그러나 공자가 그랬던 것처럼 맹자도 끝내 자신의 이상을 실현하지 못했다. 당시 제후들에게 필요했던 건 부국강병의 정치술이었으니 그의 이상적 주장은 현실적 관심과 거리가 멀게 느껴졌던 게 어쩌면 당연한 일이다. 맹자는 고향으로 돌아와 제자를 가르치고 토론하며 저술했다. 『맹자』 7편은 그렇게 남겨졌으니 역설적으로 그가 현실정치에서 외면 받았기에 가능한 사상적 유산이 되었다.

전국시대는 약육강식의 시대였다. 여러 국가들은 자국의 이익에 따라 때론 동맹을 맺고 때론 아주 가볍게 배신했다. 의리나 도덕 따위는 하찮은 것이었다. 권력자들은 수탈과 폭정을 당연한 일로 여겼고 권모술수가 최상의 처세술이었다. 그런 상황에서 맹자의 왕도정치는 너무 이상적이었고 인간의 본성을 회복하라는 '마음공부'는 한가한 이야기로 들렸다. 하지만 맹자는 그런 상황에서 오히려 인간에 대한 믿음을 잃지 않았다. 권모술수와 전쟁이 난무하는 세상을 지켜보면서도 그것은 사람들의 본성이 악하기 때문이 아니라 정치가들의 수탈과 폭정 때문이라고 믿었다. 성선설의 바탕이 된 믿음이다. 우리는 도식적으로 성선설이니, 성악설이니 하고 배웠지만 성선설은 타락과 아수라의 시대에서 희망의 실마리를 찾기 위한 몸부림이었다. 사회의 혼란을 회복하기 위한 단서는 개인이 선한 마음을 회복하고 실천하는 것이다. 그게 '인의정치', '왕도정치'의 핵심이다.

"사람들은 닭이나 개를 잃으면 곧 그것들을 찾을 줄 알면서도, 마음을 잃고는 그것을 찾을 줄 모른다"라는 맹자의 질타는 착한 본성인 양심을 되찾는 것이 지름길이며 "자기 본심에 비추어보아 하지 않아야 할 것을 하지 말고 자기 본심에 비추어 보아 원하지 않는 것을 소망하지 않는 것"이 그 실천의 바탕이다. 바로 '부동심不動心'이다. 욕망을 조절하고 통제하기 위해서는 먼저 유혹에 흔들리지 않아야 한다. 물론 당연히 쉬운 일이 아니다. 그래서 늘 스스로 경계하며 수양해야 한다. '인'이란 '어짊'이다. "어짊이란 사람의 마음이며, 의로움이란 사람의 길이다. 그런데 그 길을 버리고 따르지 아니하고, 그의 마음을 잃어버리고도 찾을 줄 모르니 슬픈 일이로다!"라는 맹자의 탄식은 결국 '인의'라는, 왕도정치의 바탕도 결국은 사람의 마음에 있음을 의미한다. 거기에는 매우 깊은 성찰과 의도가 숨어있다. 그걸 읽어내지 못할 때 정치는 파괴되고 상황은 파국을 맞는다.

전국시대는 제자백가의 시대였다. 이 두 시기가 겹치는 것은 의미심장하다. 전쟁과 폭력으로 신음하는 시기에 다양한 사상과 정치철학이 만개했다는 점, 제국으로 통일이 되자 그 다양성은 중국 왕조의 마지막까지 다시 꽃피우지 못했다는 점 때문이다. 유학이 정통 사상으로 자리 잡으면서도 맹자의 사상은 의식적으로 꺼리거나 은근히 눌러버렸다는 점도 간과하지 말아야 한다. 같은 유학이고 이른바 '공맹'이면서도 언제나 맹자는 기피인물이었다. 그는 통치자에게는 불온한 사상가였기 때문이다. 자신이 집권할 때는 바이블처럼 여기다가 집권하면 눈엣가시가 되었다.

목숨을 내건 질문

맹자가 왕에게 묻는다. 신하 가운데 처자식을 벗에게 맡기고 다른 나라에 놀던 자가 있는데, 돌아와 보니 처자식이 추위에 떨고 굶주리고 있었다면 어떻게 하겠느냐고. 왕은 그 신하와 관계를 끊어야 한다고 답한다. 사법관이 자기 부하를 다스리지 못하면 어떻게 하느냐고 맹자가 다시 묻는다. 왕은 그를 파면해야 한다고 답한다. 그러자 맹자가 다시 묻는다. 나라 안이 다스려지지 않으면 어떻게 하느냐고. 왕은 좌우를 돌아보며 화제를 바꿨다. 그 장면을 상상해보라. 등골이 서늘하지 않은가. 과연 지금도 최고 권력자에게 그렇게 물을 담대한 사람이 얼마나 있을까.

『맹자』에서 가장 매력적으로 느끼는 대목이다. 처음의 질문에 쉽게 대답할 수 있는 건 '나'의 일이 아니기 때문이다. 그러나 점점 자신의 문제로 좁혀오자 곤혹스럽다. 맹자는 처음부터 왕의 문제를 따지지 않고 작은 문제로 접근하면서 그를 옥죈다. 벼리가 곤추 선 칼날이다. 목숨을 내건 물음이다. 맹자에게 배울 가장 중요한 덕목은 바로 그런 예리한 질문이다. 과연 우리는 그렇게 묻고 있는가? 사람이 자신을 업신여기면 남들이 그를 업신여긴다. 집안을 스스로 훼손하면 남들이 그 집안을 훼손하며, 나라가 스스로 토벌당할 지경에 이르면 반드시 남의 나라가 토벌하러 온다. 자신을 업신여긴다는 건 스스로를 가볍게 여기거나 겸손하다는 뜻이 아니라 스스로 인의를 무시하고 본성인 양심을 헌신짝처럼 대한다는 뜻이다. 결국 권력에 취해 무분별하게 사용하거나 폭정을 일삼는 건 자신을 업신여기는 셈이다.

맹자는 훨씬 대담하고 직설적으로 왕들에게 묻는다. "어질면서도 그의 부모를 소홀히 한 사람은 없었으며, 의로우면서도 그의 임금을 뒤로 하였던 사람은 없었습니다. 임금님께서도 어짊과 의로움에 대하여 말씀하시면 그뿐이실 터인데, 어찌하여 굳이 이익에 대하여 말씀하시려 하십니까?" 「양혜왕 편」에 나오는 대목이다. 이 질문을 받은 왕이라면 낯이 붉어지고 말문이 막힐 것이고 마음속으로는 칼을 빼 목을 베고 싶을 것이다. 그러니 맹자는 양나라, 제나라, 추나라, 등나라, 노나라 등 여러 나라를 유세했지만 끝내 자리를 얻지 못했다.

맹자가 양혜왕에게 묻는 대목 가운데 가장 서슬 퍼런 장면이 나온다. 신하가 그의 임금을 죽여도 괜찮은지 묻자 주저하지 않고 대답한다. "어짊을 해치는 자를 적賊이라 부르고, 의로움을 해치는 자를 잔殘이라 부르며, '잔'과 '적'에 속하는 사람은 한 사내라 부릅니다. 한 사내 주紂를 쳐 죽였다는 말은 들었으나, 임금을 죽였다는 말은 듣지 못했습니다." 임금으로서는 경악할 대답이었다. 인의를 해치는 임금이라면 죽여도 될 뿐 아니라 아예 왕조를 바꿔서 새로운 나라, 인의를 실천하고 백성을 보살피는 나라를 세워야 한다는 혁명적 발언이다. 그게 바로 역성혁명이다.

사람의 본성은 남의 불행을 차마 그대로 보지 못하는 마음이 있는데, 남의 불행을 강요하는 정치는 결국 사람의 본성을 망치는 것이다. 훌륭한 임금은 남의 불행을 차마 그대로 못 보는 정치를 하는 사람이다. 그게 정치 본연의 가치다. 남의 불행을 요구하지 않고 보살펴 그 불행을 덜어주는 정치를 한다면 천하를 다스리는 일이 손바닥 위의 물건을 굴리는 것처럼 쉽게 될 것이라는 맹자의 주장은 현대 정치에도 그대로 적용된다.

공직에 있는 사람이 말할 경우가 아닌데 말한다면 그것은 말로 이익을 챙기는 짓이고(그 잘난 권력자들이 온갖 과정을 통해 부정 청탁으로 취업시키는 현재의 악행을 보라), 말해야 할 경우에 말하지 않는다면 그것은 말하지 않음으로 이익을 챙기는 짓이다(권력의 눈치를 보며 자리보전에만 몰두하고 그 자리로 사익을 탐하는 관료들을 보라). 그런 짓은 도적과 같은 행위라는 맹자의 질타는 지금도 그대로 적용된다.

맹자의 사상을 바탕으로 조선의 정치철학을 마련한 정도전은 이성계와 이방원의 눈밖에 나고 만다. 결국 왕자의 난 때 정도전은 제거당하고, 맹자 역시 위험한 사상으로 낙인 찍혀 금서가 되었다. 맹자는 중국을 넘어 조선에서도 불온한 사상가였던 모양이다.

역성혁명은 언제나 가능하다

맹자의 사상 중에 우리가 주목할 것은 일종의 복지정치에 대한 확고한 신념이다. 그는 "훌륭한 정치는 반드시 '농지의 경계를 어떻게 제대로 잡느냐'에서 시작된다"고 강조한다. 공정한 정치가 공정한 경제를 가능하게 하며 공정한 경제를 통해 백성이 풍요롭게 살 수 있다고 말한다. 그 경계만 바로 잡아도 일이 바르게 되고 세금을 부과하고 관리의 봉급을 제정하는 일도 저절로 정해질 수 있다는 지적은 오늘날 강조하는 경제민주화와 크게 다르지 않다. 그런데 표를 얻기 위해 경제민주화를 외쳤으면서도 정작 권력을 잡자 언제 그랬냐는 듯 오히려 그 반대의 길로 내뺀 박근혜 정부의 행태를 보면 그 몰락은 어쩌면 필연적인 것이라 여겨질 뿐이다. 모든 군주들이 맹자의 사상을 실천했다면 국가의 경제적 지위도 훨씬 더 강하고 풍요로워졌을 것이다.

맹자가 노나라 공명의의 말을 빌려 군주의 푸줏간에 살찐 고기가 있고 고위 관료들의 마구간에 살찐 말이 있는데, 백성들에게 굶주린 기색이 있고 들에 굶어 죽은 시체가 있다면 그것은 짐승을 내몰아 사람을 잡아먹게 하는 짓이라고 질책한 것은 정약용이 『목민심서』에서 고발했던 타락한 관료사회의 실태와 고스란히 겹친다. 동양과 조선의 군주들이 맹자의 사상을 두려워하기보다는 자기 경계와 정치 가치의 목적으로 삼으며 백성을 보살폈다면 훗날 서양 제국에게 식민지로 먹히는 일도 없었을지 모른다. 그러나 권력을 쥔 자들은 그것을 마음껏 휘두르며 자신의 욕망을 채우고 싶어 한다. 그 행태를 되풀이하며 이어지는 왕조는 끝내 무너졌다. 역성혁명은 그렇게 필연으로 귀결된다. 무능하고 부패한 수구정권이 시민의 저항으로 무너진 것처럼.

민주주의를 망가뜨리고 정의를 짓밟은 권력을 끌어내린 촛불 시민들은 역성혁명의 주역들이었다. 이제 다시 『맹자』를 읽으며 스스로를 경계하고 사회가 타락하지 않도록 감시해야 할 때다. 우리에게는 명예혁명보다 훨씬 더 멋진 역성혁명을 이룬 역사가 있지 않은가. 역성혁명은 언제나 가능하다.

다시 읽은 고전

중세의 가을

요한 하위징아 지음,
이종인 옮김, 연암서가, 2012

중세 유럽의 문화와 사상을 집대성한 요한 하위징아의 대표작. 하위징아는 전성기를 지나 노쇠해지고 새로운 시대를 준비하는 단계인 14, 15세기를 '가을'이라고 규정했다. 중세 유럽은 빈자와 부자, 도시와 시골, 빛과 어둠과 같이 극명한 대조를 이루는 것들이 공존했고, 중세는 그 두 극단을 오가면서 역사를 만들어갔다. 하위징아는 '암흑기'로 불리는 중세가 그 나름의 소박한 삶의 양식과 더 나은 세계에 대한 환상 등을 통하여 이미 그 속에 화려한 인본주의의 싹을 가지고 있었다고 말한다.

요한 하위징아 Johan Huizinga, 1872~1945

네덜란드의 문화학자, 역사학자. 19세기 말 네덜란드의 흐로닝언에서 태어났다. 어린 시절 카니발 행렬을 보며 그 광경에 매료되어 평생을 의례, 축제, 놀이 연구에 몰두하였다. 『중세의 가을』은 그에게 세계적 명성을 안겨준 대표작이다. 중세가 저물어가면서 근대의 여명이 시작되는 14~15세기 중세의 삶과 생활 양식을 그려낸 작품이다. 1938년 인간을 놀이하는 인간으로 규정한 『호모 루덴스』를 발표했다.

중세는 암흑시대가 아니었다

흔히 중세를 "암흑의 시대"라고 부른다. 모든 가치와 규범을 교회가 장악했던 시기였기에 자유로운 개인도, 진보도 없었다는 의미이다. 이는 르네상스 문화가 꽃피우기 이전의 고전문화와 중세를 비난하고 경멸하려는 의도가 크다. 이탈리아의 시인 페트라르카가 처음 사용한 말로, 르네상스 인문주의와도 관련이 깊다. 페트라르카 자신이 속해 있는 시대는 앞서 존재했던 황금시대와 이후에 도래할 황금시대 사이의 '중간시대'이자 추악한 시대에 불과한 것으로 여겼다. 르네상스를 하나의 시대로 정착시킨 스위스의 문화사가 부르크하르트 역시 이탈리아의 르네상스 인문주의를 중세와 철저히 대립된 정신을 담고 있는 것으로 보았다. 그는 르네상스가 중세를 극복한 '중세 이후'의 시대이며 근대성이 출발하는 시기라고 정의했다. 이들에게서 새로운 시대와 가치를 정립하기 위해 이전의 것들을 '구체제'로 규정하려는 의도가 뚜렷이 보인다. 이러한 인식이 심화된 이유는 근대를 루터의 교회개혁에서 비롯된 것으로 여기는 개신교적 사고가 강화된 까닭이기도 하다. 그들은 중세를 1천여 년 동안 교회가 타락하고 정치사회적으로도 진보가 없는 정체의 시기라고 규정했다.

그렇게 굳어진 인식은 오랫동안 사람들의 머릿속에 각인되고 보편화되었다. 그러나 최근 들어 이런 일반적인 인식에 대해 의구심을 제기하는 흐름이 일고 있다. 물론 중세가 다른 시기에 비해 역동성이 부족한 것은 사실이다. 그렇다고 해서 중세를 완전히 정체된 암흑의 시기로 규정하는 것도 지나치게 도식적이고 단순한 시각이다. 적어도 1천 년이라는 시간의 부피를 그렇게 단순하게 정의내릴 수는 없을 것이다.

심연을 바라보는 따뜻한 시선

20세기 최고의 문화사가로 평가받는 요한 하위징아의 『중세의 가을』은 "중세는 암흑시대가 아니었다"라는 명제를 내세운 작품이다. 중세 유럽의 문화와 사상을 집대성한 이 책에서 그는 중세의 삶을 강렬하고 아름다웠던 것으로 본다. 예리하되 따뜻한 시선과 통찰이 돋보이는 작품이다.

나는 이 책을 대학 시절 서양사를 배울 때 처음 접했다. 영문학을 전공했으면서 사학과, 철학과 수업을 열심히 수강하던 시절이었다. 1학년 때 길현모 교수에게 '서양사 개론'을 배울 때였다. 교수는 중세를 암흑의 시대로만 단순하게 규정하는 것이 어리석은 짓이라고 일갈했다. 중세를 따분하고 인간의 개성을 말살한 시대로만 인식했던 내게 그런 주장은 충격적으로 다가왔다. 중세에 대한 편견이 조금씩 깨질 무렵 3학년 때 차하순 교수에게 '프랑스혁명사'를 배우는데, 근대를 제대로 이해하기 위해서는 중세에 대한 편견없는 이해가 선행되어야 한다며 추천해주는 책이 있었다. 그것이 바로 『중세의 가을』이었다. 어느 출판사였는지 기억도 나지 않는, 일본 책을 엉성하게 번역한 듯한 무성의한 판본이었지만 내용은 알찼다. 1997년에 문학과지성사에서 출간된 책을 다시 읽으면서 대학교 때 읽었던 책의 번역이 얼마나 한심한 것인지 깨달았고, 2012년에 연암서가에서 출간된 번역본을 읽으면서 차하순 교수가 그토록 칭찬하던 아름다운 문체의 맛을 확인할 수 있었다.

하위징아는 중세에 일어났던 증오와 폭력, 가난과 죽음조차 멸시의 시선으로 바라보지 않는다. "악마가 그 어두운 날개로 지면을 암흑으로 뒤덮고 있는 쇠퇴기에도 더 아름다운 삶을 열망했던" 중세인들의 표정이 그의 시선과 펜을 통해 재구성된다. 그의 따뜻한 시선과 유려한 문장은 스위스의 역사가 부르크하르트를 떠올리게 한다. 공교롭게도 두 사람 모두 뛰어난 문화사가이자 중세와 르네상스 연구에 커다란 업적을 남겼다.

'20세기 부르크하르트'라 불리는 하위징아는 네덜란드 출신으로, 라이덴 대학의 교수와 학장을 역임했고 반유태주의에 맞서다 히틀러의 나치로부터 탄압을 받아 데스테호로 격리 조치되었다가 나치의 패망을 목격하지 못하고 석 달 전에 죽었다. 그에게 나치의 반인성주의야말로 중세 암흑의 한 단면과 같았을 것이다.

하위징아의 가장 큰 미덕은 어느 한 극단에 서지 않는다는 점이다. 그는 열정과 냉정을 오가며 놀라운 균형감을 유지한다. 이 책에 다양하게 등장하는 양극단의 사례들조차 어느 한 편을 들면서 반대편을 판단하거나 비난하지 않는다. 그는 따뜻한 시선으로 사람이라는 괴물, 인간이라는 천사를 관찰하고 명상하도록 이끈다. 그래서 그의 글은 소설이 아니면서도 마치 슈테판 츠바이크의 작품을 보는 듯 즐거움이 가득하다. 그가 중세를 어둠의 심연에서 해방시킬 수 있었던 것도 바로 그러한 균형감과 따뜻한 시선 덕분일 것이다.

이 책은 제목 그대로 중세의 '가을'에 해당하는 부분을 다루고 있다. 15세기 유럽에서부터 시작하는 것도 제목과 부합한다. 하위징아는 중세의 지성사가 오로지 르네상스의 이정표라는 견해를 부정한다. 이를 부정하기 위해 전면적인 중세를 보는 것이 아니라 국소적인 것에서 출발한다. 이러한 시도는 꽤 매력적으로 보인다. 하위징아가 네덜란드 출신인 만큼 네덜란드의 당대 상황에서 발단을 이끌어내는 것도 설득력이 있으며, 이전의 일반적이고 우리에게 익숙했던 방식, 즉 주요세력이나 중요 사건을 위주로 전개하는 역사 기술의 불균형을 비판함으로써 기존 인식의 틀을 허무는 효과도 지니고 있다. 공부하는 입장에서 이러한 시도는 신선하고 배울 만한 가치가 충분하다.

실제로 하위징아는 네덜란드의 유명한 화가인 반에이크의 형제와 그 후계자들의 그림을 더 잘 이해하고 그들이 활동했던 시대의 맥락을 잘 파악하기 위해 이 책을 썼다고 밝히고 있다. 주로 브루고뉴의 역사에 초점을 맞추고 싶었던 그는 독립된 역사로 브루고뉴를 다룰 수 있을 줄 알았으나, 브루고뉴에 프랑스와 네덜란드라는 두 개의 실체가 들어섰고 두 실체를 다른 방식으로 서술해야 했다고 한다. 그가 조망해본 중세문화에서 네덜란드 문화는 프랑스 문화에 뒤지는 경향을 보이지만, 신앙과 예술 분야에서는 나름의 강점을 가지고 있었다. 이런 사례들은 우리가 중세에 가지고 있는 편견을 허물어준다.

하위징아는 역사도 자연처럼 일정한 순환과정을 거친다고 생각했다. 늙고 낡은 생각과 사상은 죽어버린다. 그러나 그것은 형식의 죽음이지 내용의 죽음은 아니다. "그와 동시에 같은 토양 위에서 새로운 싹이 움터 나와 꽃피기 시작하는 것이다." 물론 중세시대에 교회가 지나치게 비대한 권력을 쥐고 세속에 물들고 전횡한 것은 부동의 사실이다. 하지만 중세의 모든 삶과 문화가 거기에 질식되거나 종속된 것은 아니다. 중세인들도 나름대로 치열하고 열정적인 삶을 살았다. 중세 초기에는 녹록한 상황은 아니었다. 게르만 민족의 이동과 서로마제국의 멸망, 끊임없이 이어지는 이민족의 침입과 이슬람의 팽창, 영토를 덮친 전염병과 질병은 불안과 공포를 자아내기에 충분했다. 그러나 13세기 들어 어느 정도 안정기에 접어들고 부흥기를 맞은 유럽은 다음 세기를 위한, 묵묵하지만 거대한 변화의 물꼬를 마련하고 있었다. 교회의 전성기는 서서히 기울고 14~15세기를 맞이했다. 그것이 바로 하위징아가 말하는 '가을'이다.

중세의 가을은 르네상스를 준비하고 새로운 사회적 변화가 본격화되는 시기였다. 그 와중에 양극단을 겪어야 했다. 부자와 가난한 자, 도시와 농촌 등이 마치 빛과 어둠처럼 극명하게 대립하고 대조되었다. 그런 양극단의 대립은 결코 조용하거나 고답적일 수 없었다. 하위징아는 그러한 대립과 갈등이 새로운 시대에 대한 갈증과 변화의 에너지로 승화되었다고 보았다. 그 에너지가 결국 르네상스의 바탕이 되었다. 그런 의미에서 '암흑의 시대가 아닌' 중세는 중세 후기를 지칭하는 것이다. 르네상스의 씨앗을 잉태한 그 시기의 유럽은 중세의 모든 역량이 집약된 시기였다.

중세는 찬란한 빛을 내포한 시대였다

20대 때 읽었던 『중세의 가을』이 지식의 탐구 욕망을 충족하는 즐거움이었다면 한참 후에 다시 꺼내 읽었을 때 느낀 즐거움은 하위징아 특유의 글맛에서 연유한다. 화려한 수사나 재치가 번뜩이는 글은 아니지만, 유연하고 따뜻하면서도 깊은 통찰이 가득한 글이 주는 매력이 있다. 다음과 같은 문장이 그러하다.

중세에는 여름과 겨울의 대비가 지금보다 훨씬 더 선명했던 것처럼, 빛과 어둠, 정적과 소음의 차이도 아주 확연했다. 현대의 도시는 그와 같은 순수한 어둠과 진정한 정적을 더 이상 알지 못하며, 단 하나의 자그마한 불빛이나 먼 곳에서 들려오는 외로운 고함소리의 위력을 알지 못한다.

중세와 현대를 대비시키면서 독자를 중세의 한복판에 데려가는 듯한 문장이다. "방울들의 딸랑거리는 소리가 아무리 요란해도 그 소리는 다른 소리들과 결코 혼동되지 않았으며", "잠시 동안 모든 것을 질서정연한 세계로 들어 올렸다"라고 교회의 종소리를 표현하는 문장을 만날 때는 감각적이고 정서적인 그의 문체에 높은 문학성마저 느껴졌다. 어떤 이들은 역사 기술에서 철저하게 감정을 배제해야 한다고 주장하기도 하지만 오히려 역사의 현장에서 그 숨결을 느낀 그대로 표현하는 것마저 도매금으로 깎아내릴 일은 아니다.

지적 탐구에만 매몰돼 이런 문장의 매력을 보지 못했다면 어쨌을까 하는 생각에 아찔하다. 글의 향기는 지식을 맛깔나게 수식하는 것을 넘어 삶과 사유의 힘을 느끼게 해준다. 그러니 이 책을 읽을 때는 글의 맛도 함께 음미하면 좋을 것이다.

실제로 하위징아는 중세를 다루는 역사가들이 공식 문서에만 의존하려는 경향이 있다고 비판했다. 그는 공식 문서 외에 다른 경험적 자료를 풍부하게 이용하는 것이 오히려 그 시대에 대해 입체적이고 생생하게 관찰할 수 있는 방법이며, 공식 문서에만 의존하면 위험한 오류에 빠질 수 있다고 주장했다. "공식 문서는 중세와 근대를 구분해 주는 저 미묘한 분위기의 차이에 대해서 아무것도 말해주지 않는다. 공식 문서는 중세의 저 열정적인 애수를 망각하게 만든다."

이 책에서 하위징아는 예술사가로서도 뛰어난 역량을 발휘하고 있다. 미술, 문학 등에서 풍부한 자료를 활용해 중세 후기 문화의 활력을 느낄 수 있게 한다.

예를 들어 중세 이전의 그림에서 여인들을 묘사할 때 극도의 화려함이나 과도한 장식을 통해 비웃던 냉소적인 풍자가 중세에 들어서면서 고요한 환멸과 우울의 분위기로 전환되었다는 점을 서술하는 대목이 있다. 하위징아는 이런 분위기의 전환을 "관습적인 에로티시즘의 형식에 부드럽게 억눌린 어조의 멜랑콜리한 분위기가 희미하게 스며들었다"라고 서술한다. 이런 분석이 없었다면 이전 시대의 여인에 대한 냉소적인 풍자가 허위성이 있음을 인식하지 못하거나 관습을 벗어난 새로운 내면적 묘사가 어떤 방식으로 표상되었는지 눈치채지 못했을 것이다. 하위징아는 미술작품에 대해 미술사적으로 혹은 구성 분석적으로 서술하는 것이 아니라, 간결한 사실주의와 우아한 형식, 섬세한 심리 묘사 등이 그림에 등장한 사건을 다루는 방식으로 서술한다. 문학을 다룰 때에도 일반적인 시선으로 패턴의 변화를 다루는 것이 아니라 작가의 내면적 변화에 접근하는 식이다.

나는 하위징아를 만나기 전에는 르네상스에서 꽃피운 미술과 문학에만 몰두해 있었다. 교실에서 도식적으로만 학습했기 때문이다. 지금은 세계사조차 제대로 가르치지 않는 추세라 그마저도 이루어지지 않지만, 설령 교실에서 배웠거나 교과서에서 접한 이들도 르네상스의 예술이 최고라고 생각하는 경향이 대부분일 것이다. 그런 우리에게 하위징아는 찬란한 르네상스의 문화조차 갑자기 출현한 게 아니라 중세문화가 잉태한 자산임을 상기시키며 우리의 시선을 보다 확장할 것을 요구한다. 그럼으로써 중세가 결코 암흑의 시대가 아닌 찬란한 빛을 내포한 시대이며, 중세의 가을은 강렬하고 아름다웠음을 깨닫게 한다.

영역본 서문에서 하위징아는 다음과 같이 밝히고 있다. "화가뿐만 아니라 신학자, 시인, 연대기 작가, 군주와 정치가들의 중요성은, 그들을 다가오는 문화의 예언자가 아니라 오래된 문화를 완성하고 결론짓는 자로 이해할 때, 더욱 잘 파악될 것이다." 그의 이런 시선은 중세가 딱딱하고 고루할 것이라는 우리의 편견을 여지없이 무너뜨린다. 같은 문제를 어떻게 바라보느냐, 어떻게 서술하느냐에 따라 완전히 다르게 보일 수 있음을 체감시켜주는 것이 하위징아가 지닌 미덕이기도 하다.

그렇다면 우리는 우리가 건너온 20세기의 강을 어떻게 이해하고 해석하며 가치를 찾아내야 할까. 두려운 마음으로 하위징아의 책을 다시 펼쳐본다.

다시 읽은 고전

로마 공화정

영국 옥스퍼드대 출판부에서 펴내는 'Very Short Introduction' 시리즈의 로마 공화정 편. 저자는 공화정 체제의 로마가 어떻게 테베레 강변의 작은 도시에서 일약 지중해의 초강대국으로 성장했는지를 알기 쉽게 설명한다. 원로원을 구성한 귀족들의 '영광과 위엄'의 경쟁, 그리고 로마의 거의 맹목적인 제국주의 전쟁에 대해 생동감 있게 서술했다.

데이비드 M. 귄 지음,
신미숙 옮김, 교유서가, 2015

데이비드 M. 귄 David M. Gwynn
런던 대학교 로열 할러웨이 칼리지의 역사학과 부교수로 재직중이다(유럽 고대사 담당). 다수의 저서를 냈으며, 대표작으로 『알렉산드리아의 아타나시우스: 주교, 신학자, 금욕주의자, 교부 Athanasius of Alexandria: Bishop, Theologian, Ascetic, Father』(Oxford Univ. Press, 2012)가 있다.

로마 공화정의 유산

1990년대 중반 시오노 나나미의 『로마인 이야기』가 대한민국을 강타했다. 로마제국의 흥망성쇠를 동양인의 시선에서 바라본다는 책의 설정은 꽤나 눈길을 끌었다. 하지만 곧이어 들이닥친 IMF사태로 인해 강자가 되고자 하는 갈망이 고조되었던 사회적 분위기도 무시할 수 없는 인기 요인 중 하나였다.

로마는 학자들에게 언제나 흥미로운 관심과 연구의 대상이었다. 그러나 개인적으로 시오노 나나미의 책 저변에 깔린 남근숭배적이고 제국주의적인 시각이 묘하게 거부감이 들었다. 물론 그의 끈질긴 노력과 탐구 정신을 폄하하고 싶은 것은 아니다. 로마사에 관해서라면 나는 에드워드 기번의 『로마제국 쇠망사』를 더 인상 깊게 읽었다. 대학 2학년때 '고대 서양사'를 배우면서 교수님께 추천받은 책이었다. 호기롭게 도서관에서 그 두꺼운 책의 원서를 대출받아서 읽었다. 물론 처음에는 읽기가 쉽지 않았다. 거의 한 학기 내내 반납과 대출을 반복하면서 야금야금 책을 읽어갔다. 고등학교 세계사 시간에 대략적으로만 배웠던 로마의 역사가 기번의 책을 통해 입체적으로 재구성되는 경험을 했다. 그 경험 이후 로마는 언제나 내게 가슴 뛰는 곳으로 남았다.

미완의 정치, 공화제

대한민국 헌법 제1조 제1항은 "대한민국은 민주공화국이다"이다. 제2항 "대한민국의 모든 주권은 국민(개헌 헌법에서는 '사람')에게 있고, 모든 권력은 국민으로부터 나온다"도 대한민국이 공화정임을 다시 확인시켜주는 것이다. 일반적으로 공화정 혹은 공화제는 군주제의 상대 개념이다. 현대에도 군주제가 존재하는 국가가 있긴 하지만 형식만 그러할 뿐 실질적으로는 공화제로 운영되고 있다. 그러나 공화정은 여전히 미완의 정치 형태다. 첫째로 그 공화정의 실질적 실천적 완성이 쉽지 않기 때문이고, 둘째로 모든 정치 형태는 진화하기 때문이다. 그럼에도 인류가 공화정을 획득하기까지의 과정은 결코 쉽지 않았다.

고대 그리스가 민주주의의 씨앗을 틔웠다면 로마는 공화정이라는 정치 형태를 완성시켰다. 로마 공화정은 인류 역사에서 하나의 이상이며 교훈이었다. 천년제국 로마의 힘은 그 사실에서 비롯된다. 공화정에 대한 통사적 이해를 위해 로마의 공화정을 살펴보는 것은 필수다. 그런 점에서 데이비드 M. 귄의 『로마 공화정』은 간결하면서도 그 핵심을 견고하게 정리한 훌륭한 입문서다.

이 책은 옥스퍼드대학출판부의 'Very Short Introduction' 시리즈 가운데 하나다. 한 사회의 문화와 지적 토양의 마련에 있어서 모범적 총서를 얼마나 갖고 있느냐는 중요한 단서 중 하나다. 이미 4백여 권 이상 지속적으로 출간하고 있는 옥스퍼드대학출판부의 총서 시리즈는 최고의 수준을 자랑한다. 국내 출판 현실을 비춰볼 때 부러운 점이기도 하다. 다행히 국내에서 이 시리즈가 꾸준히 번역 출간되고 있는 것은 고마운 일이다.

권은 이 책에서 로마의 공화정 체제가 어떻게 로마를 초강대국으로 키웠는지를 간결하고 깔끔하게 설명한다. 그러나 간결하다고 해서 적당히 생략하거나 도식적으로 기술한 것은 아니다. 권은 다양한 시각에서 입체적으로 로마 공화정을 조망하고 있다. 적은 분량의 입문서에서 이토록 입체적인 서술을 만날 수 있다는 것이 놀랍다.

권은 후대에 들어 로마 공화정이 하나의 모델이 되었지만, 그 과정은 험난했고 끝내 공화정의 제도들이 제국을 지탱하는 보루의 역할을 완수하지는 못했다는 점을 비판적으로 기술한다. 아우구스투스가 황제로 등극하면서 공화정은 무너졌다. 하지만 오늘날까지 로마의 공화정에 대해 무수히 많은 연구와 상상력이 동원되는 것은 과연 무엇 때문일까.

어떤 국가가 처음부터 공화정을 이루는 경우는 거의 없다. 로마 공화정도 마찬가지였다. 폭압적인 왕정을 무너뜨리는 과정을 거치면서 새로운 정치 체제를 탐색하는데 그 과정에서 귀족과 인민이 때론 협력하고 때론 갈등하면서 공존의 정치체제를 획득하게 된다. 하지만 실제로 그 내용을 들여다보면 원로원과 행정관이 권력을 독점한 방식이었다. 이러한 사정에도 불구하고 로마가 공화정의 대표가 되고 초강대국으로 성장할 수 있었던 배경은 무엇일까. 이 책이 주목하는 것도 바로 이 지점이다.

로마의 공화정은 저절로 얻어진 것도 아니고 적당한 타협의 산물도 아니다. 오랜 과정을 거쳐 나온 평민회의 결의가 혈통 귀족을 포함한 전주민을 구속할 수 있는 '법'이 되었다. 법은 공화정을 떠받치는 가장 중요한 제도다. 로마법의 보편성과 힘은 공화정의 바탕이 되었고, 공화정이었기에 법이 보편성과 힘을 획득할 수 있었다. 로마에서는 평민도 집정관에 입후보할 수 있었고 나중에는 두 명의 집정관 가운데 한 명은 반드시 평민이어야 했다. 그럼으로써 평민들도 거의 모든 정치적, 종교적 직책을 맡을 수 있게 되었다고 한다. 물론 출신에 의한 차이는 여전히 존재했지만 결과적으로 공화정의 지배계층은 확대되었다.

이는 우리 정치에도 시사하는 바가 크다. 헌법에서 대한민국은 민주공화국이고 권력은 국민으로부터 나온다라고 규정했지만, 양극화의 심화는 새로운 계급 차별을 가속화시키고 금력이 권력을 농단하는 지경에까지 이르렀다. 우리 사회의 가장 심각한 문제는 중산층의 몰락이다. 로마 공화정이 건강했을 때에는 중산층이 매우 튼튼했다고 한다. 혈통 귀족과 부유한 평민이 결합된 새로운 귀족층이 출현했지만, 행정관, 원로원, 민회로 대표되는 정치 구조는 어느 한 집단이나 개인이 전체 권력을 소유할 수 없도록 견제하는 역할을 했다. 헌법에 명시되어 있다고 저절로 공화정이 되는 것은 아니다. 공화제가 여전히 우리에게 미완의 정치라는 생각을 지울 수가 없다.

그럼에도 불구하고 위대한 유산

누구나 권력을 추구한다. 그 탐욕의 충돌은 전쟁의 위협이 사라지고 평화가 찾아오면 고개를 쳐든다. 로마가 그랬다. 그 조짐은 군사 지도자들의 패권 다툼에서 나타났다. 내란의 승자는 카이사르였다. 그러나 그는 암살당했고 폭력은 격화되었다. 물고 물리는 권력의 투쟁 속에서 로마는 공화정을 포기했다. 황제가 출현했고 내란으로 인해 공화정은 엉망이 되었다. 퀸은 군벌의 출현을 제국의 '비용'으로 정의한다. 군대의 존재가 국가를 보위하고 봉사하는 것이 아니라 권력 투쟁의 수단으로 변질되었다. 그렇게 "공화국의 운명은 이제 억제될 수 없는 경쟁 심리에 불타며 탁월함을 갈망하는 개별 장군들의 수중에 놓이게 되었다. 공화국은 해체되기 시작했다."

다행히 문화 속에 여전히 공화정은 살아남았다. 공화정의 잔해에서 등장한 로마 제정은 비록 황제의 전제성이 원로원의 집단적 지배를 대체하긴 했지만 계속해서 공화정의 전통을 기반으로 유지되었다는 점에서 로마의 공화정은 사라지지 않았다고 할 수 있다. 로마 공화정의 유산은 초기 기독교 교회와 르네상스 시대에 영향을 끼쳤고 미국과 프랑스의 18세기 혁명의 유전자로 이어졌다. 두 혁명은

'공화정 유토피아'의 환상에서 영감을 얻었다. 분명히 로마의 공화정은 사라진 게 아니라 부활했다.

황제가 지배한 로마는 영토로는 가장 광대했다. 그러나 로마의 진정한 힘은 황제가 지배했을 때가 아니라 공화정으로 모든 인민의 힘을 집약했을 때였다. 귄은 로마와 카르타고의 전쟁을 통해 그 점을 확실하게 밝혀낸다. 카르타고의 최신식 전함에 비해 보잘것없었던 로마 해군력의 급신장은 한 척의 카르타고 배의 좌초에서 비롯되었다. 로마인들은 좌초된 그 5단 노선 한 척을 본떠 60일 만에 120척의 배를 건조했고 동맹국 출신 선원으로 인력을 채웠다. "빈손이나 다름없는 상태에서 이러한 전함을 창설했다는 것은 공화정 역사상 가장 눈부신 업적 중의 하나이며, 조직화라는 점에 있어 로마의 천재성을 증거한다."

공화정의 몰락은 결국 인간의 탐욕에서 비롯되었다. 지금 우리 사회가 건강한 공화제를 오염시키고 있는 것 또한 끝없는 탐욕 때문이다. 그 탐욕이 막강한 권력을 독점할 때 공화정은 제역할을 하지 못한다. 역사는 그것을 생생히 보여준다. 로마의 전성기는 폭압적인 1인 지배체제를 무너뜨리고 귀족과 인민이 서로 협력하고 때론 다투면서 도출해낸 공화정이라는 통치체제를 만들어냈고 그것을 유지했던 시기였다. 공화정은 어느 특정 계급의 독점물이 아니라 귀족과 인민의 공동재산이었다. 권력은 독점되지 않는다는 제도적 합의는 설령 그것이 실질적으로 깨지더라도 여전히 중요한 사회 이념 혹은 가치로 작동된다.

짧은 분량이면서도 이 책은 근대 이후의 공화정과 공화주의에 로마 공화정이 끼친 영향에 대해 간결하면서도 압축적으로 서술하고 있다. 로마 공화정이 체제의 모델로서 근대에 이르기까지 유럽과 미국의 공화국 수립과정에 막대한 영향을 끼쳤다. 귄이 이 책의 마지막 장을 로마 공화정의 유산으로 매듭짓는 이유는 후대에 공화정의 이상이 어떻게 발현되는지 살펴봄으로써 우리가 지금 공화정에 대해 어떻게 인식하고 실천해야 하는지를 전하기 위해서일 것이다.

인민주권이 로마의 도덕성에 의해 유지되었으며 루소가 보기에 로마인들의 가장 주요한 특징이 덕이었다는 해석은 바로 그런 의도를 드러낸다. 특히 귄은 로마에 대한 루소와 애덤스의 대조적 해석이 서로 다른 길을 걸어갈 미국 공화주의와 프랑스 공화주의의 미래를 보여주는 것이라고 날카롭게 지적한다. 각 시대는 '변화하는 세계의 요구에 맞추어 로마 공화정에 대한 기억을 재해석'했다. 그것은 오늘날까지도 계속 진행되고 있다. 그래서 이 책은 이렇게 단언한다. "로마 공화정에서 영감을 얻으려 하는 경우, 사람들이 이를 통해 어떠한 교훈을 얻으려 하는가를 보면 시대의 성격이 드러난다."

귄이 지적하는 것처럼 오늘날 여러 매체에서 로마 공화정 몰락의 시기를 다루고 있는 현상에 주목해야 한다. 공화정 최후의 날을 기억함으로써 점점 더 빠르게 변화하는 세계 속에서 우리는 체제 변화의 교훈을 찾아야 한다.

이 책을 읽으면 저절로 다시 에드워드 기번의 『로마제국 쇠망사』를 읽고 싶어진다. 이탈리아를 여행하면서 특히 로마를 돌아다니면서 내내 떠올랐던 게 기번의 책이었다. 대학 2학년 때 읽으면서 흥분을 가라앉히지 못했던, 그리고 30대에는 기번의 시선 속에 묻어 있을 제국주의적 태도를 비평적으로 읽으려고 신경을 곤두세우며 읽었던 그 책을 이제는 차분히 읽을 수 있을 것 같다.

    이제 우리의 지식 생태계도 이 정도의 총서를 자생적으로 생산하고 소비할 수 있는 환경을 만들어야 한다. 대학출판부가 할 수 없다거나 한 출판사에서 감당하기 어렵다면 사회적 컨소시엄을 통해서라도 생산해야 한다. 언제까지 부러워만 할 것인가. 지식의 식민지화를 경계하기 위해서라도 더 늦기 전에 시도해야 한다.

다시 읽은 고전

유배지에서 보낸 편지

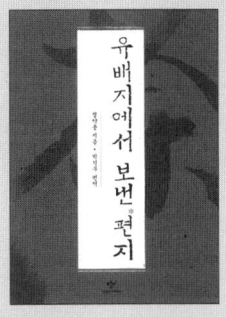

정약용 지음,
박석무 엮음, 창비, 2009

조선 후기 사상 형성에 가장 큰 영향을 끼친 다산 정약용이 유배지에서 아들과 제자들에게 보낸 편지를 모았다. 그가 1801년 유배지에서 두 아들에게 보낸 26편의 편지를 비롯해, 아들 학연에게 전하는 교훈을 담은 편지 9편, 형님에게 보내는 편지 13편 등 모두 52편의 편지글이 수록돼 있다.

정약용 丁若鏞, 1762~1836

조선 말기의 실학자로, 호는 다산이다. 1789년 문과에 급제하여 부승지 등 벼슬을 지냈다. 그는 문장과 유교 경학에 뛰어났을 뿐 아니라 천문·지리·과학 등에도 밝아 진보적인 신학풍을 총괄 정리하여 집대성한 실학파의 대표자가 되었다. 그는 당시 금지한 천주교를 가까이한 탓으로 좌천되어 귀양을 갔으나, 귀양살이를 하는 동안에도 『목민심서』를 비롯한 10여 권의 책을 저술하였다. 정약용은 40년 동안 나라의 정치를 바로잡고 백성들의 생활을 향상시킬 수 있는 방법을 학문적으로 연구하여 많은 저서를 남긴 조선 최대의 정치·경제학자이다. 주요 저서에 『경세유표』, 『목민심서』, 『흠흠신서』 등이 있다.

다산의 편지에 배어 있는 인품과 사상

얼마 전에 영화 〈러빙 빈센트〉를 봤다. 최근에 따로 시간을 내서 영화를 챙겨 보는 일이 없었는데, 이 영화는 외면하기 힘들었다. 역시 안 봤으면 크게 후회했을 거라고 생각했다. 중학교 시절 빈센트와 테오 형제의 편지를 모은 문고판을 읽은 적이 있다. 두 형제의 편지를 읽다 보면 그 애틋함이 그대로 전해져 마음이 따뜻해지고 애잔한 느낌이 들었다. 영화도 비슷한 분위기를 담고 있었다. 어느 누구도 무명화가였던 고흐를 온전한 인격체로 대하지 않았지만, 동생 테오만은 형에게 헌신했다. 테오는 형이 죽은 뒤 한 해를 넘기지 못하고 자살했다. 그들은 죽은 뒤 나란히 묻혔다.

고흐 형제의 이야기를 보고 있으면 조선의 다산 형제들, 특히 둘째 정약전과 넷째 정약용이 나눈 편지들이 떠오른다. 유배지에서 두 형제가 나눈 편지는 고흐 형제들의 것만큼 애틋하고 우애 깊은 것이었다.

깊고 품위 넘치는 우애

조선 후기의 거인, 다산 정약용은 개혁가이자 실학의 실천가였다. 안타깝게도 그의 진면목이 드러난 것은 유배생활에서였다. 정조가 세상을 떠난 후 박해를 받으며 18년간 유배생활을 해야 했던 정약용은 이 기간에 자신의 학문을 완성시켰다. 이때 쓴 『목민심서』와 『흠흠신서』는 지금 읽어도 생동감이나 현실감이 그대로 느껴지는 역작이다. 다산은 극한의 막막한 유배생활에도 좌절하지 않고 늘 성찰하고 학문을 갈고 닦았다. 삶에 대해 어떤 태도를 지녀야 할지, 어떤 책을 읽어야 할지, 어떤 책을 어떻게 써야 할지 깊이 고민하고 고민의 결과물들을 뛰어난 저작물로 냈다. 그의 글에는 인품과 사상이 듬뿍 담겨 있었다.

이처럼 완벽해 보이는 다산의 인간적인 면모를 나는 그의 서간문에서 보았다. 특히 둘째 형 약전과 나눈 편지들을 읽고 있노라면 콧등이 시큰해졌다. 일찍이 천재 형제들이라 칭송받았지만 정조가 승하한 뒤 한꺼번에 몰락하는 과정은 비극이었다. 셋째 약종은 참수되었고, 둘째 약전은 흑산도로, 넷째 약용은 강진으로 유배되었다, 한순간에 몰락한 가문에서 형제들이 겪었을 고통은 짐작조차 가지 않는다.

약용과 약전은 유배지에서 편지를 주고받으며 서로에 대한 그리움을 달랬다. 몸은 만날 수 없지만, 만나고 싶은 마음마저 막을 수는 없었다. 그들의 편지는 단순히 안부를 나누는 것이 아니라 서로의 학문을 격려하고 인생을 토로하며, 학문적 교감을 나누는 수준 높은 편지였다. 예컨대 "책을 저술하는 일은 절대로 소홀히 해서는 안 되니 반드시 십분 유의하심이 어떻겠습니까?"라고 시작하는 편지에서 둘째 형의 연구에 대해 학자적 동지로서 제안과 응원을 아끼지 않는다거나, 책에 들어갈 도형이나 그림에 대해서도 세심하게 조언을 건넨다. 형의 저술에 대해 예의에 어긋나지 않으면서도 섬세한 충언을 아끼지 않는 다산과 약전의 학문적 동지애는 세계 어떤 사례에서도 발견하기 힘든 것이다. 다산이 둘째 형에게 보낸 편지에서 다루는 주제는 언어, 지리, 천문, 학문, 책, 수학, 음악뿐 아니라 상례喪禮에 이르기까지 거의 전방위적이다. 심지어 물감 들이는 법이나 개고기 삶아 먹는 법 등 형의 유배생활에 대한 섬세한 조언까지 전하고 있다.

    형제는 유배지에서도 끊임없이 연구하고 저술활동을 했다. 그러나 유배지의 삶이 어찌 호락호락했겠는가. 약전에게 보낸 답신에 그 안타까움이 그대로 묻어난다. "하늘이 만약 나에게 세월을 주어 이 작업을 마칠 수 있게 해준다면 그 책은 제법 볼 만할 것입니다. 그러나 탈고할 방법이 없으니 매우 안타깝습니다." 답신을 읽은 형 약전의 마음은 얼마나 아리고 쓰렸을까. 사랑하는 동생이 험한 유배생활을 하는 것도 아픈데 학문의 길도 험하고 어렵다 하니 누구보다 안타까웠을 것이다. 그런 형이 끝내 유배지에서 세상을 떠났을 때 다산은 또 얼마나 슬펐을 것인가.

아버지 다산이 자식에게 남기는 당부

"우리는 폐족임을 명심하라!"는 말은 한때 고ᅟ故 노무현 대통령을 따르던 이들이 뱉었던 아픈 고백이었다. 그리고 끝내 그들은 다시 부활해서 시민의 선택을 받았고 정권을 잡았다. 오랫동안 회자되었던 이 말은 바로 다산이 아들에게 보낸 편지에서 각별하게 당부했던 대목의 문장을 옮겨 쓴 것이다. 다산은 두 아들에게 보내는 편지에 "우리는 폐족이니 더욱 노력하라"고 당부한다. 흐트러지거나 자포자기하지 말고, 권세의 눈치에 민감해하지 말라는 염려가 담긴 말이기도 하다.

유배지에 있는 아버지는 늘 아들들이 겪을 아픔에 마음이 쓰였다. "폐족이면서 글도 못하고 예절도 갖추지 못한다면 어찌 되겠느냐. 보통 집안 사람들보다 백 배 열심히 노력해야만 겨우 사람 축에 낄 수 있지 않겠느냐?"는 말은 질책이 아니라 멀리 떨어져 아들을 보살필 수 없는 아버지의 안타까움과 애틋함이 담긴 애정의 말이다.

정약용이 유배지에서 자식에게 전하는 당부를 감동적으로 담아낸 서첩이 바로 『하피첩』이다. 2010년에 보물로 지정된 이 서첩은, '붉은 치마'라는 뜻을 지닌 명칭을 다산이 직접 명명한 것이다. 그의 부인 홍씨가 유배지로 부쳐온 '바래고 해진 붉은 치마'를 잘라서 두 아들에게 보내는 당부를 적었다. 이 서첩의 서문에서 다산은 이렇게 말한다.

내가 강진에서 귀양살이할 때 병든 아내가 낡은 치마 다섯 폭을 보내왔는데, 시집올 때 가져온 예복으로 붉은빛은 흐려지고 노란빛은 옅어져 글씨 쓰는 바탕으로 알맞았다. 이것을 잘라서 조그만 서첩을 만들어 손 가는 대로 훈계하는 말을 써서 두 아이에게 남긴다. 아이들이 훗날 이 글을 보고 감회를 일으켜 부모의 흔적과 손때를 생각한다면 틀림없이 그리는 감정이 뭉클하게 일어날 것이다.

챙기고 보살피며 가르쳐야 할 아들들을 두고 멀리 유배지에 격리된 아버지의 삶도 고달프지만 자정은 더 살갑고 깊어진 날들이었다. 그래서 자신의 귀양살이 고생이 아무리 커도 아들들이 독서에 정진하고 몸가짐을 올바르게 하고 있다는 소식만 들리면 근심이 없겠다고 당부한다. 혹여 자신의 부재중에 자식들이 엇나가거나 과도하게 주눅 들지 않기를 신신당부하는 아버지의 애 끓는 마음이 고스란히 담겼다. 남의 저서에서 도움이 될 요점을 추려낼 때에도 우선 자기 자신의 학문에 주견이 뚜렷해야 판단 기준이 마음에 세워져 취사선택하는 일이 용이할 것이라는 등의 충고는 지금의 후학들이 새겨들어도 손색없다. 권위자에 의존하면서 정작 자신의 주견은 마련하지 못하는 학자들이 곡학아세를 일삼는 것을 볼 때마다 떠올려지는 대목이다.

다산이 자식들에게 특별히 역사 공부를 당부하는 대목도 주목해야 한다. 역사적 안목이 전혀 없이 자신의 이념의 올무에 갇혀 온갖 폭력적 판단을 마다하지 않는 지금의 현실을 보면 더더욱 그렇다.

『고려사』에서 초록抄錄하는 공부는 아직도 손을 대지 않았느냐? 젊은 사람이 멀리 보는 생각과 꿰뚫어보는 눈이 없으니 탄식할 일이구나. 너희들 편지에 군데군데 의심이 가고 잘 모르는 곳이 있어도 질문할 데가 없어서 한스럽다고 했는데 과연 그처럼 의심이 나서 견딜 수 없다면 왜 조목조목 적어서 인편에 부치지 않느냐? 아버지와 아들이면서 스승과 제자가 된다면 더욱 좋은 일이 아니겠느냐?

이처럼 섬세하면서도 단호한 편지를 주고받는 부자가 부럽기도 하다. 아들에 대한 당부와 책망조차 깊은 사랑과 안쓰러움에서 비롯되는 것이기에 자식들은 조금도 흐트러짐이 없게 자신을 경계하고 학문에 정진했을 것이다. 이런 편지를 주고받을 수 있는 부자관계가 지금 얼마나 있을까. 편지란 그때그때 필요한 말이 중심이겠지만 곳곳에 마음과 정신이 깔려 있다는 점에서, 그리고 언제든 다시 꺼내 읽으며 그것을 되새길 수 있다는 점에서 매력적이다.

제자에 대한 도타운 사랑

다산은 유배지에서 학동들을 거둬 가르쳤다. 다산의 외가가 해남 윤씨 가문이었고 윤두수가 외증조부 즉 어머니의 할아버지였다. 그래서 강진의 세력가였던 윤씨 가문의 덕을 본 것도 무시할 수 없다. 하지만 그가 제자를 키운 건 단순히 생계를 위해서가 아니다. 후학을 제대로 가르쳐야 나라가 올바르게 성장할 수 있다는 그의 신념에 기인한 것이었다. 길고 긴 유배 생활을 마감하고 마재의 집으로 돌아갈 때 제자들은 스승의 해배에 기쁘면서도 작별이 많이 아쉬웠을 것이다. 그래서 틈틈이 제자들에게 편지를 보냈다. 단순한 안부가 아니라 스승을 떠나보낸 이후에도 어떻게 학문할 것인지 등에 대해 세심하게 가르치고 흐트러지지 말라고 당부한다.

> 집안을 다스리는 요령으로 새겨둘 두 글자가 있으니, 첫째는 근勤 자요, 둘째는 검儉 자이다. 하늘은 게으른 것을 싫어하니 반드시 복을 주지 않으며 하늘은 사치스러운 것을 싫어하니 반드시 도움을 내리지 않는 것이다. 유익한 일은 일각도 멈추지 말고 무익한 꾸밈은 일호一毫도 도모하지 말라.

과거 공부에 매진하되 출세를 위한 공부에 매달리지 말라고 당부하는 스승 다산은 과거에 낙방한 제자들의 현실에 안타까워 하지만 오히려 배우고 실천하는 실학의 삶을 살 수 있다며 그들을 품고 격려한다. 성호 이익의 삶에 대해 자세하게 서술하는 이유도 그런 마음에서 비롯된 것이다.

그렇다고 남 이야기하듯 하는 게 아니다. 그건 다산의 모습이라 할 수 없다. 다산은 자신의 삶에서 발견하고 경험한 것들을 토대로 실천의 덕목을 꼼꼼하게 챙겼다. 다음의 글은 그런 면모를 또렷하게 드러낸다.

> 목화는 많이 갈 필요가 없이 오직 하루갈이 정도에서 그치고 별도로 삼과 모시를 심어, 아내에게 봄과 여름에는 명주를 짜고 가을과 겨울에는 베를 짜도록 해주어야 한다. 그리하여 부지런히 하면 명주와 베가 궤에 가득하게 될 것이니 그렇게 되면 일하는 재미를 갖게 되어 게으른 사람도 저절로 부지런해질 것이다.

오늘날 우리 사회를 둘러보면 제자들에게 대접이나 받으려 하고, 유능한 제자를 이용만 하려 하는 스승의 모습을 흔히 목격하게 된다. 이런 자들을 볼 때마다 다산이 보여주었던 제자들에 대한 깊은 사랑을 상기하게 된다. 다산의 제자 가운데 빼놓을 수 없는 인물이 초의선사다. 그와 주고받은 편지를 보면 다산이 유교와 불교에 두루 너른 사상을 지녔음을 알 수 있다.

다산의 편지는 자신과 학문 논쟁을 벌인 이재의의 아들인 영암 군수에게도 전해진다. 고을을 다스리는 법, 아전을 다스리는 법, 수입을 다루는 법 등의 구체적 방안뿐 아니라 봉록과 지위에 매몰되지 말고 관직에 있는 동안 어떻게 자기 처신을 해야 하는지 등에 대해 따뜻한 충고를 전한다.

다산이 형제와, 자녀와, 제자와 나눈 편지는 읽을 때마다 감동을 선사한다. 상대에 대한 애정과 삶에 대한 깊은 통찰이 담긴 편지에서 그의 인간적인 면모를 엿볼 수 있을 뿐 아니라 지금의 나의 삶에 대해 성찰하게 한다. 그 중 흑산도에 유배된 둘째 형과 나눈 살가운 편지에서 가장 큰 감동을 느낀다. 그래서 〈러빙 빈센트〉를 보면서 고흐 형제의 서간집이 떠오르고, 다산 형제의 편지가 연상되었던 것이다. 화가 백여 명이 참여해 고흐의 화풍을 재현했다는 영화는 아주 매력적이었다. 예술에 가까운 영화를 보면서 언젠가 기회가 되면 강진에서 흑산도로 가는 여정을 누려보고 싶다는 생각이 들었다. 형제가 누리지 못한 해후를 대신 해원해주는 의미로. 그리고 그 길에 가득 깔렸을 두 형제의 애틋함과 도타움을 새기면서 말이다.

다시 읽은 고전

매천야록

황현 지음,
허경진 옮김, 서해문집, 2006

조선 말기 황현이 1864년(고종 1)부터 1910년(순종 4년)까지 47년간의 역사를 편년체로 서술한 역사책. 외세의 침입과 함께 개화와 척사가 날카롭게 대립하고, 집권층은 사심으로 가득하여 부패는 극에 이르렀으며, 백성들은 도탄에 빠져 그 분노가 거침없이 분출하던 어지러운 시대의 한복판을 온몸으로 통과하며 민족의 존망을 걱정하는 지식인의 관점으로 동시대의 역사를 헤아렸다.

황현黃玹, 1855~1910

조선 후기의 학자. 본관은 장수長水이며 자 운경雲卿, 호 매천梅泉이다. 1855년 전남 광양에서 출생하였으며, 황희 정승의 후손이다. 서울로 이주하여 생원진사시에 장원하였으나 시국의 혼란함을 개탄하여 벼슬을 포기하고 전라남도 구례로 낙향하여 은거하였다. 1910년(융희 4) 일제에 의해 국권피탈이 되자 국치를 통분하며 절명시 4편을 남겼으며, "나라가 선비를 양성한 지 500년이나 되었지만 나라가 망하는 날 한 명의 선비도 스스로 죽는 자가 없으니 슬프지 않겠는가"라는 말을 남기고 1910년 9월 음독 자결하였다.

시대의 통증을
절감하라

난리를 겪다 보니 백두년이 되었구나
몇 번이고 목숨을 끊으려다 이루지 못했도다
오늘날 참으로 어찌할 수 없고 보니
거물거리는 촛불이 창천에 비추도다

얼핏 보면 시 같지만 위의 글은 시가 아니라 유서다. 이 절명^{絶命}의 글을 쓰고 자결한 이는 조선시대 지식인 매천 황현이다. 과거에 급제했지만, 조선 말의 부패와 혼란을 목격하고 구례로 귀향해 학교를 세우고 계몽활동에 전념했던 황현은 1910년, 일제에 나라를 뺏기자 절명시를 남긴 후 아편을 먹고 스스로 목숨을 끊었다. 그가 남긴 책이 바로 『매천야록』이다.

오늘날 매국한 자들과 일제에 부역한 자들의 후손들이 떵떵거리며 권력과 부를 독점하고 있는 것을 보면 매천 선생은 뭐라 할까. 매천 황현은 매섭고 결기가 퍼런 지식인의 사표와 같은 사람이었다. 그러나 그를 제대로 아는 사람은 많지 않다.『매천야록』을 읽은 이도 별로 없을 것이다. 나도 이 책의 이름을 중고등학교 수업시간에 접했지만 책을 제대로 읽은 건 그 뒤로 20년이 지난 후였다.

그의 사상과 삶을 한마디로 압축하기는 어렵다. 책의 내용도 정치, 사회뿐만 아니라 민족, 문화 여러 분야를 넘나들며 지식인의 날카로운 시선을 담고 있다. 그는 역사가도, 문필가도 아니었다. 그래서 어떤 부분은 어설프게 느껴지기도 하고, 사실에 충실히 입각하지 않은 부분도 있다. 그렇다고 해서 책의 무게와 가치가 덜어지는 건 아니다. 오히려 지식인의 책무가 무엇인지 준엄하게 묻는 황현의 결기는 오늘날 더 크게 다가온다.

어떻게 시대를 책임지며 살 것인가

황현이 『매천야록』을 쓴 시기는 과거에 합격했지만 부정이 팽배한 현실에 환멸을 느껴 관직에 나가는 것을 포기하고 낙향한 뒤였다. 그는 당시의 조정을 도깨비 나라의 미치광이 소굴로 여겼다. 그런 결기 시퍼런 황현이었으니 부패한 조정과 타협하는 것은 스스로 용납할 수 없었을 것이다. 그가 이 책을 쓴 것은 명확하지 않지만 내용을 바탕으로 추측하면 대략 1895년 전후인 듯하다. 고종의 즉위에 대한 언급이 있는 것으로 미루어 1863년부터 쓴 것이 아니냐는 견해도 있지만 그 사건은 언급에 그치고 본격적으로 다루는 내용은 그로부터 30년쯤 뒤부터다.

1890년대는 어떤 시기인가. 조선의 항구가 강제로 열리고, 외세가 밀려들어온 뒤 부패하고 무능한 조정으로 인해 내부의 모순이 폭발한 직후였다. 모순이 폭발하여 갑오농민전쟁이 터지고, 갑오개혁이 일어나면서 나름대로 변화를 꾀하던 시기이기도 했다. 그러나 이미 곪을 대로 곪은 조선의 개혁은 실패로 끝났으며 명성황후는 일본의 군인들에게 무참하게 살해되었다. 껍데기만 유지할 뿐 제대로 된 나라 꼴이 아니었다. 이러한 현실을 목격한 황현은 대한제국이 멸망하기까지의 조선의 풍경을 기록했다. 물론 지방에 머물면서 바라본 그의 시각이나 자료의 한계도 분명히 존재한다. 그러나 다른 사료에서는 찾아보기 어려운 조선 후기의 모순을 낱낱이 해부한 지식인의 날카로운 비판 정신을 만날 수 있다. 특히 일제의 침략에 맞서 정신을 바짝 차려도 모자랄 판에 분열과 부패, 변절로 가득한 조정의 모습은 오늘날 부패한 기득권의 모습과 다르지 않다.

황현은 일제의 야욕에 당당히 맞설 수 있도록 우리 민족의 자성과 쇄신을 간절히 바랐다. 그러나 끝내 조선은 일제에 의해 그 명을 달리하게 된다. 여기에 절망한 황현은 스스로 목숨을 끊는다. 그는 자신의 죽음으로 조선의 멸망을 조문했다. 그것만이 그가 택할 수 있는 유일한 방도였다. 분노와 절망은 목숨마저 부끄럽고 무의미한 것으로 여길 만큼 그는 결연하고 강직했다. 지금 우리에게 그런 지식인이 얼마나 있는가.

앎과 삶이 일치한 지식인

그렇다고 이 책이 한 지식인의 분노와 결기만 담긴 것은 아니다. 그랬다면 이 책은 그리 큰 의미가 없다. 이 책은 일제의 침략상을 냉정하고 치밀하게 담았을 뿐 아니라 당시 조선 사람들의 생활모습을 지배층에서 일반 백성에 이르기까지 세밀하게 다뤘다는 점에서 생활사의 면모도 지녔다. 그뿐 아니라 그가 머물면서 목격한 한양이라는 도시의 변화와 개화기에 유입된 서양 문물에 대한 일반 백성들의 반응까지 소상하게 기록함으로써 당시 사회를 엿볼 수 있는 귀중한 사료의 역할도 하고 있다. 예를 들어 석유에 대한 소상한 기록도 그런 한 사례다.

> 석유는 영·미 등 여러 나라에서 산출되는데 혹은 바다 속에서 나온다고도 하고, 혹은 석탄에 근원하는 것이라고도 하며, 또 돌을 가열하여 짜낸다고도 하는 등 그 설이 하나가 아니나 천연의 산물임은 분명하다. 우리나라는 경진년(1880년) 이후 처음 사용했는데 처음에는 색이 붉고 냄새가 무척 지독했으며 한 홉이면 열흘 밤을 켤 수 있었다. 몇 년이 되지 않아 색이 점차 맑아지고 냄새가 점점 옅어졌으며 화력도 약해지더니 한 홉에 겨우 사나흘 밤밖에 켜지 못했다. 석유가 들어온 이래로 산과 들에 기름 짜는 열매들은 자라지 않게 되었다.

이렇듯 『매천야록』은 당대 사회를 엿볼 수 있는 사회사적 기록들이 많다. 사사롭고 소소한 기록으로 여길지 모르지만 훗날 그것을 통해 당시 현실의 모습을 엿볼 수 있다는 점에서 고맙고 귀한 기록이다. 최근 역사학계는 미시사뿐 아니라 구술사까지도 폭넓게 포용하고 있지만, 이런 소소한 현상들은 이른바 정통 역사학에서 간과하기 쉬운 부분이다. 나는 책을 읽다가 이런 대목에서 잠깐의 휴식과 볼거리의 여유를 맛보는 게 즐거웠다.

어떤 이들은 그가 역사학자도, 사관도 아니기에 『매천야록』을 역사서로 볼 수 없다고 평가절하하기도 한다. 일리가 없는 말은 아니다. 무엇보다 황현이 일관된 체계를 갖추고 쓴 것이 아니기에, 심하게 말하자면 잡다하고 어지럽기도 하다. 공적인 것과 사적인 평가가 뒤섞여 있고, 맥락이 생략된 채 단편적 일화들이 역사적 사실과 섞여 모호하게 서술되어 있다는 점들도 그렇다. 균형도 맞지 않아, 어떤 사건은 장황하게 서술되어 있고, 어떤 것은 단 한 줄로 언급해놓은 것도 있다. 그러나 이런 점들 때문에 역사서로 볼 수 없다고 평가하는 것은 사료적 기록과 가치에 대해 '강단의 역사학'의 관점에서 편협하게 바라본 것이라고밖에 할 수 없다.

큰 틀에서 보면 이 책은 나름의 체계를 지녔다. 연월일에 따라 일목요연하게 시대사를 정리했으며, 사안에 대해서는 배경과 경과까지 소상하게 기술하고 있다. 개항과 개화, 열강의 침략 등 당시 조선의 상황을 체계를 가지고 정리해서 보여주어 근대전환기에 대한 너른 안목을 얻을 수 있도록 한다.

황현은 앎과 삶을 일치시키고자 치열하게 노력한 인물이었다. 그랬기에 부패한 현실에서 더 이상 미련 두지 않고 초연하게 물러나 세상을 바라봤을 것이다. 이 책을 읽어보면 그의 글이 매서운 건 그런 삶에서 비롯되었음을 느낄 수 있다. 그의 사진을 보면 형형한 눈빛이 강렬하다. 그 눈으로 세상을 바라보면 안타까움과 울분을 삭이고 가라앉히기는 분명 어려웠을 것이다. 그리고 더 이상 자신의 조국이 존재하지 않자 분연히 삶을 마감했다. 그것은 자신의 삶과 세상에 대한 책임감과 무력감에 대한 분노였을 것이다.

늘 깨어 있어야

황현은 조선 말의 학자답게 전통적인 유학 교육을 받은 선비였다. 그러나 성리학의 교조적인 이해에는 반대했고 양명학이나 실학에 대해 학문적 관심을 기울였다. 그는 퇴계와 율곡도 거침없이 비판했다. 황현의 시선은 열려 있었다. 그는 새로운 문물에 대해서도 닫힌 생각을 갖지 않았다. 그렇다고 유교적 전통질서에 대해 부정하지도 않았다. 신학문을 통해 애국적인 인재를 양성하는 데에도 관심이 많았다. 한마디로 그는 과거와 단절하지 않으면서도 새로운 세상을 열린 시선으로 대하는 경계인이었다. 그러나 시대는 그를 끝내 변방인으로 가뒀다. 그는 시대의 통증을 온 삶으로 감내했다.

『매천야록』은 분명 한계가 있다. 개인의 당파적 색채도 엿보이고, 동학을 비적으로 표현한 것이나 의병을 부정적으로 묘사한 것도 간과할 수 없는 흠결이다. 그러나 후반부에 의병에 대해 새롭게 평가하며 망해가는 나라를 구할 수 있는 세력은 의병뿐이라고 생각을 바꾼 것은 그의 유연함을 엿볼 수 있는 대목이다. 시골 서재에서 신문을 통해 단편적으로 세상을 바라본 선비의 안목은 분명 넓고 깊은 곳까지 닿지는 못했을 것이다. 그러나 지금 글로벌 네트워크 속에 살면서도 바깥 세상의 흐름에 대해 무관심하고 무지한 대한민국의 모습은 과연 무엇이 다른가. 매천의 안목에도 못 미치는 우물 안 개구리들이 얼마나 많은가.

이 책에서 특히 눈길을 끄는 대목은 고위관료를 지낸 매국노들의 비리와 부패를 낱낱이 까발리고 비판하는 대목이다. 떠도는 풍문이나 전해들은 이야기를 취합한 것도 있어서 정확한 사실인지 의심스러운 부분도 있으나, 그들의 패륜 행위를 거침없이 들춰내고 악행에 대해 철저하게 비판하고 경계의 대상으로 오금을 박는 그의 결기가 느껴졌다. 오늘날 정치인들의 행태를 보면 이런 결벽에 가까운 비판의 정신이 절실하게 필요함을 느낀다.

죽음으로 망국에 저항하는 것은 결코 쉬운 일이 아니다. 민영환은 탐관오리로 악명이 높은 시절도 있었지만 한 나라의 고위 관료를 지낸 권력자로서 망국의 치욕에 자결로 저항함으로써 존경을 받았다. 그러나 벼슬조차 거부했기에 죽음으로 답해야 할 의무가 없는 시골 선비 황현의 죽음을 기억하는 이들이 과연 얼마나 될까. 죽음을, 자결을 숭배하는 것이 아니다. 그 결기와 책임감을 기억하자는 뜻이다.

『매천야록』에 서문이 없는 건 미완의 책이기 때문이다. 책은 미완이지만 그의 삶은 종결되었다. 그래서 읽다 보면 처연함을 느낄 수밖에 없다. 역사는 되풀이된다. 어리석은 자들에게는 어리석은 역사가 반복된다. 지식인들이 자신의 이익에 함몰되어 권력과 재산에 아부하고 곡학아세하는 것만큼 부끄러운 건 없다. 그러나 지금 그런 자들이 얼마나 태연하게 설치고 있는가. 더 이상 그 미망에 휘둘려서는 안 된다. 깨어 있어야 한다. 흔들릴 때마다 황현의 『매천야록』을 읽으면 스스로 경계가 될 것이다.

가을 등불 아래 책 덮고 지난 역사 헤아리니
인간 세상에 글 아는 사람 노릇 어렵기만 하구나!

다시 읽은 고전

우리 문장 쓰기

우리 말 살리기 운동과 글쓰기 교육 운동에 헌신하는 이오덕이 우리 말로 쓰는 정직한 글, 아이들도 읽을 수 있는 쉬운 말로 쓴 글이 가장 귀한 글이고 가치가 있는 글이란 믿음으로, 우리 글에 관해 연구한 연구서. 생활 글 쓰는 법과 문학작품 창작법을 같은 수준, 같은 자리에 두고 정리했다.

이오덕 지음,
한길사, 1992

이오덕 1925~2003

한국의 교육자·아동문학가, 우리말 연구가. 한국글쓰기교육연구회, 우리말연구소를 만들어 글쓰기 교육운동과 우리말 연구에 힘썼다. 40여 년을 교직에서 일하며 어린이들의 올바른 글쓰기 교육에 애썼으며, 어린이들이 쓰는 말과 글이 뛰어난 문학작품이라 여겨 『우리도 크면 농부가 되겠지』, 『일하는 아이들』 같은 제자들의 문집을 펴냈다. 저서 『우리문장 바로쓰기』, 『우리글 바로쓰기』는 번역말투, 일본말투를 걸러내고 우리말과 글을 다듬은 명저로 꼽힌다.

우리말의 아름다움을 일깨우다

 누구에게나 글을 쓰고 싶어 하는 욕망이 있다. 최근 몇 년 간 이런 욕망이 갑자기 분출되기라도 한 듯 글쓰기 책이나 강좌가 쏟아졌다. 바람직한 현상이다. 하지만 왜 갑자기 이런 현상이 생겼을까. 여러 가지 이유가 있겠지만, 사회가 글쓰기 능력을 요구하는 쪽으로 변화하고 있다는 것이 가장 큰 이유일 것이다.

 예전 입시제도에서는 학생들이 글을 쓸 일이 별로 없었다. 수능 점수만 가지고 대학을 갈 수 있었기 때문이다. 그런데 이제는 수시 전형에 논술이 있고 자기 소개서를 요구하니 글을 잘 써야 하는데, 학교에서 12년간 국어교육을 받았어도 글을 제대로 써본 경험은 없어서 막막하기만 하다. 그러니 글쓰기 요령을 가르쳐주는 책이나 강좌에 대한 수요가 생긴다. 글쓰기 열망이 높다는 건 상찬할 일이지만 그 이전에 우리 국어교육이 얼마나 허술했는지에 대한 반성이 따라야 한다. 대학에 들어간 후에도 사정은 달라지지 않는다. 대학을 졸업한 후 취직을 하려면 예전에는 졸업증명서와 성적증명서만 내면 됐지만, 요즘에는 자기소개서도 그럴싸하게 써내야 한다. 직장에 들어가서도 마찬가지다. 예전에는 일만 열심히 하면 대개는 승진했지만 지금은 갈수록 좁아지는 승진 병목 때문에 온갖 인사고과에 신경을 써야 하고, 보고서도 잘 써야 한다. 글쓰는 일이 계속 발목을 잡는다. 은퇴한 뒤에도 살아갈 시간이 많다. 글쓰고 싶은 욕망이 스멀스멀 올라온다. 이들이 또 글쓰기 강좌를 기웃거린다. 수없이 쏟아지는 글쓰기 책이나 강좌에는 이런 배경이 작용했을 거라는 것이 내 생각이다.

나는 이렇게 쏟아지는 글쓰기 책들 중에서 이오덕 선생의 『우리 문장 쓰기』만 한 게 없다고 생각한다. 1990년대 초반 대학원 다니던 시절에 만난 이 책은 글쓰기 책의 모범으로 여기며 지금도 종종 꺼내본다.

올바른 삶과 언어가 올바른 글을 만든다

이오덕 선생은 교육자이면서 평생을 우리말 연구에 헌신했고, '우리말연구소'를 만들어 많은 저술을 남겼다. 선생은 우리글에 널리 퍼진 오염 가운데 한자, 일본말, 서양말의 '삼중고'를 안타까워하며 오염된 우리말이 우리의 생각과 삶을 오염시키는 것을 경계하고, 우리글의 아름다움을 알리는 데에 온 삶을 바쳤다. 『우리 문장 쓰기』를 읽으면서 스스로가 얼마나 우리말에 소홀했는지, 얼마나 그

맛을 제대로 모르고 살았는지 깨닫고 부끄러워졌다.

　화려한 글이 좋은 글은 아니다. 중요한 것은 제 나라말을 제대로 쓰는 것이다. 이오덕 선생은 우리말로 쓰는 정직한 글, 아이들도 읽을 수 있는 쉬운 말로 쓴 글이 가장 귀한 글이고 가치 있는 글이라는 믿음이 확고했다. 따라서 어른들의 글쓰기도 자기 삶을 정직하게 쓰는 데서부터 시작해야 한다고 말했다. 나는 지금도 내 글이 맥 빠진다고 느낄 때마다 이 책을 다시 읽어본다.

　이 책을 보고 놀라웠던 것은 이전에 보았던 글쓰기 책들은 주로 문장 작법이나 글쓰기 방법을 다뤘던 것에 반해, 모든 글쓰기는 자기를 나타내야 하고 좋은 글은 삶이 바탕이 된 글이라며 글쓰기의 '태도'를 강조한 점이다. 흔히 훌륭한 글이란 멋진 문학적 수사가 빛나는 글이라 여겼던 이전의 생각이 얼마나 모자란 것이었는지 깨닫게 되었다.

　그러나 진리를 얻기 위해서라면 글에 파묻힐 것이 아니라 글을 좀 멀리 해보라고 권하고 싶다. 글이 없어서 진리를 잃고 세상이 이 지경이 된 것이 아니다. 일하기 싫어서, 자기만 편안하게 살고 싶어서, 남이 한 일의 결과를 앉아서 얻어가지고 싶어 하니까 이렇게 되었다. 일은 안하고 교과서와 책만 들여다보고 시험점수만 따내는 것을 공부라고 가르치고 길들였기 때문에 진리는 간 곳 없고 거짓과 속임수가 판치는 세상이 된 것이다.

이오덕 선생은 책의 첫머리부터 글을 잘 쓰고 싶은 욕망 이전에 어떻게 좋은 삶을 살 것인지, 어떤 사회를 만들기 위해 노력할 것인지를 스스로에게 물어보라고 요구한다. 좋은 글이 아니라 좋은 삶이 먼저라는 뜻이다. 남을 설득하고 감동을 얻어내며 명성을 얻기 위한 글이 아니라 자신의 삶과 사회를 호흡하고 성찰하면서 그것을 제대로 된 문장으로 풀어낼 때 글의 생명이 살아나는 것이라고 강조한다. 글이 공해를 일으키면 사람의 정신을 어지럽힌다. 삶이 빠진 글은 생명이 없으며 오염된 말로 쓴 글은 생각을 망가뜨린다.

아무리 평론가가 격찬하고 문인들이 높이 보는 작품이라도 일반 백성들이 읽을 수 없고, 읽어도 마음에 와닿는 것이 없다면 그런 글은 어딘가 문제가 있고 잘못되어 있다고 봐야 한다. 남쪽의 글이고 북쪽의 글이고, 시고 소설이고 수필이고 아동문학이고 모든 글이 그렇다. 글의 마지막 심판자는 백성들이다. 책과 학문과 추상 논리와 관념의 세계에서 살아가는 사람이 아니라 사물과 사실 속에서 몸으로 살아가는 사람들이 지닌 가장 소박한 느낌과 생각이 글의 가치를 매기게 되어야 한다고 나는 믿는다.

'사물과 사실 속에서 몸으로 살아가는 사람'이 먼저다. 글은 그 뒤의 일이다. 그러나 우리는 대부분 반대의 방식으로 글을 배우고 익힌다. 그래서 죽은 글을 쓰게 된다. 그러니 어찌 올바른 사상이 생겨날 것이며 죽은 글이 어떻게 세상을 밝게 해줄 수 있겠는가. 글이 공해를 일으켜 사람의 정신을 어지럽히는 시대다. 선생은 될 수 있는 대로 적게 발표하고, 꼭 남들이 읽어서 유익하고 감동을 받을 수 있을 거라는 자신이 설 때만 발표해야 한다고 말했다. 쉼 없이 글에 치어 살고 글을 쓰면서 선생의 그 말을 떠올릴 때마다 자신이 부끄러워지곤 한다. 선생의 따끔한 가르침이 나를 더 조심하게 만들고 신중하게 제대로 된 글을 쓰도록 하는 등대가 되어 준다. 나의 글은 나의 삶을 제대로 드러내고 있는지를 늘 점검해본다.

선생은 '말과 글의 관계'에서 "말과 글을 하나로 되게 하라"고 강조한다. 말과 글이 하나가 되어야 그것이 삶에서 힘으로 나타나기 때문이다. 우리 삶을 살펴보면 우리가 쓰는 말과 글이 어지럽게 뒤엉켜 있다. 갑오경장을 겪으며 언문일치운동이 일어난 지 벌써 한 세기 반이 지났지만 말과 글은 여전히 따로 논다.

선생이 "우리나라 사람들이 거의 모두 걸려 있는 정신병"인 "유식병"을 비판하는 것도 그런 점 때문이다. "우리 집은 샅 밑에 있다"라고 쓰면 될 것을 굳이 "우리 집은 산 밑에 위치해 있다"라고 한다거나, 어떤 소식을 들었을 때 "접한다" 따위의 말로 치장하는 식이다. 방송에서도 그런 말이나 자막들이 얼마나 흔한가. 우리말의 표본이어야 할 아나운서들도 그런 말을 거리낌 없이 쓴다. 선생은 "나는 우리나라 신문에서 '언어를 사용한다'를 안 쓰고 '말을 한다'고 써 놓은 기사를 읽은 적이 없다"고 개탄한다. 책에 나와 있는 잘못된 말들의 사례를 보면 나도 모르게 따라 쓰는 잘못된 말들이 얼마나 많은지 알 수 있다. 대부분 유식함을 자랑삼고 무식함을 멸시하는 마음이 담겨 있는 말들이고, 결국 우리 것을 부끄러워하는 마음이 녹아 있는 것들이다.

이오덕 선생은 '주고받는 말'을 살려야 한다고 강조한다. 논밭에서 일하면서 하는 말, 길 가면서 하는 말, 방안에서 하는 말이 모두 주고받는 말이다. 그것은 어느 한쪽의 일방적으로 쏟아내는 말이나 글이 아니다. 글을 쓰더라도 받아들이기만 하는 방식의 글을 피해야 한다. 말을 배우는 과정부터가 '비인간화'된 우리의 글과 말의 습관을 고쳐야 한다. "한쪽에서는 끊임없이 계속해서 지껄이기만 하고, 한쪽에서는 쉴 새도 없이 듣기만 하고, 이래 가지고야 살아 있는 말을 배울 수가 없다"는 선생의 비판은 바로 그런 의미다. 우리가 주고받는 말을 잃었다는 것은 삶을 잃었다는 것과 같다.

상황이 이런데도 우리는 말을 주고받는 것으로 배우지 못하고 말하기만 혹은 듣기만 하는 것으로 배우고 있다. 글이 말을 앞질러 말을 억누르고 부리는 사회가 되었기 때문이다. 12년 동안 국어교육을 받았으면서도 제 나라말 하나 제대로 쓰지 못한다는 것은 한심한 일이다. 요즘 학생들이 글에 대한 이해력이 떨어진다고 개탄하는데, 실제로 이해력의 문제가 있는 것이 아니라 책이나 교과서에 있는 글들이 일상에서 쓰는 말들과 따로 놀기 때문이다. 어떻게 해야 살아 있는 우리 말과 글을 찾을 수 있을까. 이오덕 선생은 삶을 찾아 가져야 하고, 삶을 글로 써야 한다고 말한다. 글이 말의 위에 있는 것이 아니라 말의 밑에 있도록, 말을 살리는 글이 되도록 애써야 한다고 말한다. 스스로 많이 배웠고 많이 안다고 여기는 이들이 새겨두면 좋을 가르침이다.

어떻게 글을 쓸 것인가

이 책은 글쓰기의 다섯 단계를 통해 어떻게 생각하고 어떤 태도를 키워야 하는지를 보여준다. 물론 그것이 유일한 표본은 아니다. 어찌 보면 뻔한 말이다. 그러나 그 길을 따라 걷다 보면 자연스럽게 글에 대한 뼈대를 잡을 수 있다. 또한 여러 가지 글쓰기, 즉 서사문, 감상문, 설명문, 논문, 보고문, 편지, 일기 등에 대해 오밀조밀한 내용들을 담고 있어서 각자가 원하는 방식의 글쓰기에 길라잡이 역할도 해준다. 특히 마지막 장에 다루고 있는 「시란 무엇인가」는 꼭 읽어 둘 가치가 있다.

어린이를 둔 부모라면 『이오덕의 글쓰기』(양철북)와 『바른말 바른 글』(고인돌)을 꼭 읽고 아이들에게도 권하면 좋을 것이다. 한길사에서 나온 '우리 글 바로 쓰기' 시리즈도 꼭 읽어볼 필요가 있다. 글이란 특별한 사람만 쓸 수 있는 게 아니다. 우리가 숨 쉬는 것처럼 누구나 쓸 수 있다. 다만 제대로 쓰고 제대로 살아야(선생이 말하는 순서는 그 반대지만) 한다. 우리는 그동안 아름답고 멋진 문장으로 써야 한다고 배웠기 때문에, 혹은 여러 책을 읽으면서 글쓴이의 솜씨에 주눅 들어서 스스로 글을 쓸 엄두를 내지 않기 때문에 글과 멀어졌을 뿐이다. 어떤 글을 써야 하는지, 어떤 글이 좋은 글인지도 알아야 하지만 어떤 삶을 살아야 하는지를 스스로에게 먼저 물어야 한다. 그래야 말과 글이, 글과 삶이 일치한다. 그리고 그렇게 우러난 글이 좋은 글이다.

나는 지금도 내 글이 흐트러지고 어지러워진다고 느낄 때마다 선생의 책을 다시 꺼내 숨을 고르고 생각을 다듬으며 글을 다잡는다. 선생은 이제 이 땅에 계시지 않지만 펄떡이는 글을 남겨놓으셔서 당신의 가르침으로 깨우치고 있으니 고맙고, 당신이 계시지 않아 허전하다. 그러니 이제 남은 건 우리들의 몫이다. 말과 글과 삶이 일치하게 하는 게 그 지름길이고 유일한 길임을 새기고, 많은 글쓰기 책이나 강좌가 이어지는 건 좋은 일이다. 그걸 소비하는 이들이 이 책은 놓치지 말기를 바란다.

사족. 내가 처음 구입한 1992년 본과 나중에 다시 구입한 2010년 본에는 띄어쓰기 등 맞춤법이 지금과 다른데도 그대로 있다. 출판사(한길사)에서 개정판을 냈는지 살펴봤는데 나의 얕은 검색으로는 만나지 못했다. 그냥 찍어 파는 건 아니길 바랄 뿐이다.

다시 읽은 고전

거의 모든 것의 역사

빌 브라이슨 지음,
이덕환 옮김, 까치, 2003

모든 과학의 역사와 현재를 담고 있는 책이다. 과학 지식 전반을 파악할 수 있다는 점, 어려운 도표나 수식이 없다는 점이 특색 있다. 빌 브라이슨은 어린 시절 과학 교과서에 크게 실망한 뒤로 과학이 '어떻게' 현재에 이르렀는가를 밝히고 싶었다고 한다. 그래서 3년간 세계 여러 과학자들을 찾아가 설명을 듣고 현장을 답사하며 이 책을 완성했다. 지질학, 화학, 화석학, 천문학, 물리학 같은 분야들을 총망라했다.

빌 브라이슨 Bill Bryson, 1951~

미국의 기자, 작가. 예리한 관찰력과 재기발랄한 문체로 "현존하는 가장 재미있게 글을 쓰는 저널리스트"로 평가받으며 국내에서도 많은 팬을 보유하고 있다. 미국 아이오와 주 디모인에서 태어났으며 영국 〈더 타임스〉와 〈인디펜던트〉 신문에서 기자이자 여행작가로 활동하며 수많은 화제작을 출간했다. 『거의 모든 것의 역사』, 『거의 모든 사생활의 역사』, 『빌 브라이슨의 셰익스피어 순례』, 『빌 브라이슨 발칙한 영국산책』 등 그의 책들은 전 세계 30개 언어로 간행되었다.

세상에서 가장
재미있는 과학책

학창시절 수학이나 과학에 흥미를 갖는 학생은 그리 많지 않다. 외계어에 가까운 용어와 기호가 주는 절망감과 더불어 과학적 사유의 즐거움과 명쾌함을 키우기는커녕 그 절망감을 가속시키는 학교 교육은 수학, 과학과 점점 더 멀어지게 만든다. 아무리 일찍 적성검사를 해도 고등학교에 진학해서 문과나 이과를 결정할 때 수학이나 과학이 입시에 상대적으로 유리한지 불리한지만 따져서 정해버리는 습성은 그런 교육의 결과라 할 수 있다. 그러니 감수성 예민한 청소년 시절에 과학과 수학은 어렵고, 따분하다는 고정관념만 형성되기 쉽다.

내가 대학에 진학할 때는 예비고사와 대학별 본고사를 모두 치러야 했다. 예비고사는 전 과목을 다 다뤘다. 문과였던 나도 물리, 화학, 생물, 지구과학 등 네 과목을 다 치러야 했고 본고사에서 가장 비중이 높은 수학을 외면할 수 없었다. 그런데 그 과목들이 다 지겹고 공부하기 힘들었다. 대학에 진학해서 가장 좋았던 일 중 하나가 다시는 그런 과목들을 만나지 않아도 된다는 해방감이었다. 그러나 내가 성장한 20세기는 과학의 시대였고, 21세기는 과학을 모르고는 도저히 살아갈 수 없는 시대가 되었다. 과학 공부는 늘 해야 하는 의무였지만, 피하고 싶은 의무이기도 했다. 선뜻 손이 가지 않는 '남의 영토'였다.

내가 새로운 시선으로 과학에 조금씩 접근하기 시작한 것은 대학원에서 과학철학을 수강했을 때였다. 과학에 대해 잘 모르면서 그 강의를 수강하는 건 앞뒤가 맞지 않는다고 생각했는데, 학부시절에 전자공학을 전공했던 대학원 동기가 빌 브라이슨의 『A Short History of Nearly Everything』를 소개해줬다. 번역본이 없어서 학교 도서관에서 영문판으로 빌려서 몇 챕터를 읽으며 흥미를 느꼈지만, 워낙 방대한 분량이라 끝까지 읽지는 못했다. 그러다 마침내 번역본 『거의 모든 것의 역사』가 나왔다는 소식을 들었고, 반가운 마음에 초판을 사서 읽었다. 읽는 내내 흥분과 놀라움을 느꼈던 기억이 지금도 생생하다.

과학은 어렵고 지루하다는 편견을 부수다

『거의 모든 것의 역사』는 분량과 내용이 그리 만만한 책은 아니다. 예전 판형에 맞춘 책이라는 것을 감안해도 560쪽에 달하는데, 자간이 넉넉한 요즘 책들의 판형으로 펴낸다면 족히 3분의 1은 더 늘어날 것이다. 출판사 까치의 뚝심인지 무감각인지 잘 모르겠지만, 나는 요즘 우리 책들이 지면을 과소비하고 있다고 여기는 편이라서 이런 판형이 좋다. 물론 눈은 좀 아플지 모르겠지만 영어로 나오는 책들을 보라. 얼마나 빼곡하게 글씨로 차 있는지. 우리의 책들은 일종의 낭비 습속에 빠져 있다.

이 책은 우주에 관한 이야기로 시작한다. 우주와 지구의 역사를 이해하는 것이 쉬운 일도 아니거니와 처음에 이 책을 읽을 때는 굳이 알아야 할 필요성도 느끼지 못했다. 초반에 빅뱅이니 팽창이론 같은 것들이 자연스럽게 등장하더니 다중우주론까지 전개되면서 지구라는 작은 행성에 사는 나의 존재는 얼마나 미미한 것인가, 하는 생각도 들었다. 그러나 빌 브라이슨 특유의 위트와 친절한 서술은 어떤 이야기라도 중간에 포기할 마음을 접게 만든다.

그토록 불친절하고 차갑다고만 느꼈던 과학이, 여러 과학 이론들이 살갑게 느껴지는 건 이 책의 가장 큰 매력이다. 나는 고등학교 시절 화학 수업을 가장 싫어했다. 실험도 없고 온갖 분자식과 화학 방정식은 머리를 쥐어뜯게 만들었다. 주기율표는 그 초입부터 통행료를 터무니없이 높게 요구했다. 초등학교 때 국민교육헌장을 외우는 것보다 지겨웠다. 그런데 이 책을 읽고 나서 주기율표가 얼마나 섹시한 것인지, 멘델레예프가 얼마나 매력적인 사람인지 알게 되었다. 브라이슨은 주기율표에 대해 "대부분의 사람들에게는 추상적으로 그럴 듯한 것에 지나지 않았지만, 화학자들에게는 가장 훌륭한 질서와 명확함을 뜻하는 것이 된다"라고 말한다. 브라이슨의 찬사

덕분에 멘델레예프에 관한 책을 따로 읽기도 했다.

지구에 관한 장에는 지구과학 시간에 뭔지도 모르고 외고 풀기만 했던 내용들이 다정한 이야기로 나와 있었다. 제대로 알지 못했던 것을 복습하면서 깨달아가는 즐거움은 꽤나 달콤했다. 뉴턴의 중력의 법칙도 그저 물리학에 등장하는 하나의 법칙이 아니라, 그것을 통해 과학의 혁명적 변화가 초래했다는 것도 알게 되었다. 물리학, 지질학, 화학 등이 가볍게 이해할 수 있는 질량으로 다가오는 것도 놀라운 경험이었다. 서양에서 자연사박물관이 변화하고 발전해오는 과정을 볼 때는 우리에게 제대로 된 자연사박물관이 없다는 현실(지금은 몇 개가 있지만 여전히 갈증은 해소되지 않는 현실)에 분노가 일기도 했다. 그래도 학창시절에 억지로 배웠던 과학적 지식이 쓸모가 있기는 하구나, 하는 작은 위로를 얻었다.

빌 브라이슨은 과학적 지식을 산만하게 깔아놓는 게 아니라 역사의 큰 흐름 속에서 전개해 통사적 안목을 갖고 과학을 이해할 수 있도록 한다. 지금이야 이런 종류의 책들이 제법 출간되고 있지만, 당시에 초판이 출간됐을 때는 파격적이었다. 그가 과학에 역사를 끌어들이는 방식은 재레드 다이아몬드가 『총, 균, 쇠』에서 사용한 방식과는 다르다. 그는 다가가기조차 힘든 상대성이론도 거뜬히 이해할 수 있도록 개괄한다. 소립자와 초끈이론도 수박 겉핥기식으로 알게 하는 것이 아니라 그 의미를 이해할 수 있도록 안내한다.

요즘 식으로 따지자면 '빅히스토리'를 다룬다고 할 수 있다. 그는 과학적 법칙과 현상을 단순하게 그것만 다루지 않는다. 옐로스톤에 대해 서술한다면 자연스럽게 지구 안에서 어떤 활동들이 일어나고 있는지를 연결한다. 그리하여 지구상의 생명에 관한 이야기로 옮겨 가면서 어떤 현상이나 법칙이 서로 떨어진 것이 아니라 밀접하게 연결된 것임을 인식시켜준다.

지구 위의 어떤 생명도 그냥 존재하는 것이 아니다. 물론 우리는 개념적으로 그것을 이해하고 동의하지만, 여전히 세상은 인류를 위해 존재한다고 여긴다. 브라이슨은 단호하게 말한다. "생명이라는 것이 그저 존재한다는 사실을 간과하기 쉽다. 인간으로서 우리는 생명에 의미가 있을 것이라고 생각하는 경향이 있다." 그러면서 브라이슨은 인간에게 따끔하게 지적한다. "세포들은 당신을 위해 주저 없이 죽어주기도 한다. 매일 수십억 개의 세포들이 그렇게 죽는다. 그럼에도 불구하고 우리는 평생 동안 한 번도 그런 세포에게 감사하게 여긴 적이 없을 것이다. 그러니 잠시 멈추어서 우리의 세포들에게 경이와 감사를 표하는 것이 마땅할 것 같다." 생명과학의 역사에 관해서도 브라이슨은 한쪽으로 치우치지 않는다. 그는 넉넉하게 균형을 유지하며 한껏 유쾌한 말투와 시선으로 우리를 붙잡는다.

마지막 장에서는 기후와 인류의 역사를 다룬다. 기후의 역사는 결국 인간이 견뎌온 자연의 역사다. 기후의 변화가 왜 일어났는지에 대한 역사를 들여다보면 지금 우리가 민감하게 봉착한 기후 문제에 대해 심층적으로 이해하고 각성할 수 있다.

빌 브라이슨은 과학 지식에 대해 찬사만 늘어놓지 않는다. 과학 이론의 오류와 비판 지점에 대해서도 분명하게 거론한다. 그는 과학의 엄밀성이 과학의 절대성을 담보하는 것은 아니라는 입장이다. 예컨대 지구의 역사를 밝히는 연대측정법을 소개하면서 현대 기술의 오남용에 대해 경고하는 식이다. "결국 모든 계산에서는 어쩔 수 없이 끝없이 이어지는 가정들을 도입해야 하고, 그런 가정들이 모두 반박의 가능성을 제공하게 된다"라는 브라이슨의 지적은 과학뿐 아니라 모든 영역의 지식인들이 경계의 추로 삼을 만한 격언이다.

호기심과 질문만이 새로운 사유를 가능케 한다

과학의 시대에 살면서 과학에 무지하고 무관심하다는 것은 자기 태만이다. 문과 출신이라는 것도 변명이 될 수 없다. 하나 안타깝게도 과학 지식을 쉽게 설명하면서도 깊이를 충족하는 교양서를 만나기가 쉽지 않다. "현존하는 가장 유머러스한 작가"라는 평을 듣는 빌 브라이슨의 『거의 모든 것의 역사』는 지루하고 어려울 것이라는 과학책에 대한 통념을 배반하며 과학교양서로서의 미덕을 풍부하게 지녔다.

'거의 모든 것'의 역사에 대한 이야기를 끌어내는 것은 '끝없는 호기심과 질문'이다. 답은 이미 존재하거나 타인이 만든 것이지만, 질문은 다른 사람이 아닌 바로 내가 하는 것이다. 빌 브라이슨은 무한한 호기심과 질문을 가지고 이 책의 이야기를 끌고 나간다. 따라서 독자들도 자기 나름대로 질문과 호기심을 가지고 이 책을 읽으면 그의 지적 탐험에서 새로운 풍경을 발견할 수 있을 것이다. 물론 그 새로움은 이미 존재했지만 우리가 주목하지 않았던 것들이다. 빌 브라이슨은 다음과 같이 말한다.

우리는 모두 99.9%가 일치하지만 '모든 사람들이 아무것도 공유하지 않는다고 말하는 것' 역시 틀리지는 않는다.

대학원에서 과학철학 강의를 듣기 위해 읽었던 이 책을 가끔씩 꺼내 읽을 때면, 이 책을 통해 과학에 대해 새로운 눈을 뜬 것이 다행스럽게 느껴진다. 빌 브라이슨의 다른 저서도 읽으면서 우리에게 이런 위트와 지식이 넘치는 과학 저술가가 없는 것이 안타깝기도 했다. 그러나 이제는 우리에게도 상당한 수준의 과학 저술가들이 나오고 있다. 이정모, 김범준, 김상욱, 이명현 같은 저자들이 곁에 있어 든든하다. 특히 이정모는 글에 위트와 반전의 묘미가 넘쳐 앞으로 우리에게도 브라이슨 같은, 혹은 그를 능가할 과학 저술가를 만날 수 있으리라는 희망을 주기에 충분하다. 빌 브라이슨의 유머와 리처드 파인만의 재치가 보이는 그에게 기대가 점점 높아진다.

문득 빌 브라이슨의 질문이 떠오른다. "아무것도 없었던 곳에서 무엇인가가 존재하는 곳까지 어떻게 오게 되었고, 아주 조금에 불과했던 그 무엇이 어떻게 우리로 바뀌게 되었으며, 그 사이와 그 이후에 무슨 일이 일어났는가?"

다시 읽은 고전

감응의 건축

정기용 지음,
현실문화, 2008

'공간의 시인'이라 불리는 건축가 정기용이 1996년부터 2006년까지 만 10년 동안 무주에서 진행한 크고 작은 공공건축물 30여 개 프로젝트(건축, 리노베이션 등)에 대한 정리와 체험을 풀어냈다. 건축물 각각의 배치도, 조감도, 완공 전후의 사진뿐만 아니라 현재 주민들이 건축물을 사용하는 모습, 건축가가 무주 땅과 감응하게 되는 사연에서부터 설계하기 전의 스케치까지 들어 있어 무주 프로젝트의 전 건축활동 과정을 온전하게 파악할 수 있다.

정기용[1945~2011]

한국의 건축가. 1945년 충북 영동에서 태어났다. 서울대에서 응용미술, 공예를 전공했고, 프랑스로 건너가 파리 국립장식미술학교에서 실내건축학을 전공하였다. 이후 다시 파리 제8대학 도시계획과에 들어갔다. 파리에서 활동하다 1986년에 귀국해 기용건축을 설립했다. 인위적이거나 자연환경에 반하는 건축을 거부하고, 사람들과 소통하고 더불어 사는 삶을 위한 공공건축에 집중했다. 순천 어린이 도서관을 시작으로 진해, 제주, 서귀포, 정읍, 김해에서 기적의 도서관 프로젝트를 수행했다. 주요 작품으로 계원조형예술대학, 효자동 사랑방, 무주공공프로젝트, 기적의 도서관 시리즈, 노무현대통령 봉하마을 사저 등이 있다.

삶과 자연이 익어가는 감응의 건축

사춘기 시절 두 개의 꿈을 가진 적이 있다. 하나는 소설가, 다른 하나는 건축가였다. 어린 시절에 문학을 좋아했으니 대문호의 작품을 읽으며 멋진 작품을 쓰고 싶다는 욕망을 갖는 건 자연스러워 보이지만, 그 시절에 건축가라는 꿈을 품은 것은 지금 생각해도 조금 이상하다. 소설가와 건축가, 모두 자신의 작품을 만들어낸다는 창작의 즐거움이 커 보였기 때문일 것이다. 건축가를 꿈꾸던 시절에 다녔던 중학교 근처에는 '공간'이라는 건축실이 있었고, 그 건물 자체가 매우 매력적으로 보였다. 등교할 때 버스에서 내리면 건너편에 그 건물이 보였는데, 나는 일부러 그 건물을 보면서 가려고 창덕궁 쪽으로 돌아서 가고는 했다.

학교로 올라가는 골목에는 당시 금성사(현 LG) 회장 집도 있었다. 당시의 관점으로 보기엔 매우 현대적인 건물이었고, 어린 내 눈에도 그 집은 뭔가 말을 하는 것처럼 느껴졌다. 그리고 학교 정문 옆에는 인촌의 한옥이 있었는데, 묘하게 직선인 듯 곡선이고, 곡선인 듯 직선인 그 선의 감각에 끌렸다. 만약 내가 집을 설계한다면 금성사 회장의 집과 한옥의 장점을 골고루 섞은 새로운 집을 짓겠노라 하는 상상도 해 보았다. 그 시절에 서점에 가면 흔치 않은 건축잡지들을 한참동안 읽곤 했다.

그러나 고등학교 2학년이 되면서 일찌감치 내 성향이 문과적임을 깨닫고 주저하지 않고 문과를 택했고, 그 길로 건축가의 꿈도 접을 수밖에 없었다. 그래도 건축 잡지는 부지런히 읽었다.

인간과 세상을 담아내는 건축가

정기용이라는 건축가를 기억하는 이들은 그리 많지 않다. 몇 해 전 독립영화 〈말하는 건축가〉를 생각보다 많은 이들이 관람하여 잠시 주목받기는 했지만, 여전히 그를 아는 이는 소수에 속한다. 건축가들도 정기용에 대해 대략 두 가지 태도를 지닌 듯하다. 하나는 인간과 자연을 건축의 주제로 끌어들였으며 공동체 사상을 건축에 구현한 건축가이자 예술가로 기억하는 이들이고, 다른 하나는 건축 공학적으로는 뭔가 빈틈이 있는 어수룩한 건축가로 기억하는 이들이다.

정기용은 처음부터 건축을 전공한 사람은 아니었다. 그는 미술대학을 졸업하고 대학원에서는 공예를 전공했는데 프랑스 유학 기간에 건축으로 전공을 옮겼다. 파리장식미술대학교에서 실내건축과를 다니다가 파리 제6대학으로 옮겨 건축과를 졸업했고, 다시 파리

제8대학에서 도시계획과를 전공했다. 프랑스에서 작업을 하다가 한국에 돌아와 여러 건축 활동을 하고, 대학에서 강의를 했다. 그의 작품 중 가장 눈에 띄는 것은 단연 '기적의 도서관' 시리즈다.

그의 건축은 색채가 분명하다. 모든 건축은 건물로 완성되는 것이 아니라 거기에 거주하는 사람의 삶이 채워지고 마지막으로 자연의 일부가 될 때 완성되는 것이라는 그의 사상이 잘 반영된 건축물들이다. 그러므로 그의 작품에서 중요한 것은 '시간'이다. 그가 설계한 건축물들은 눈길을 확 끄는 초현대적이고 실험적인 구조물들은 아니다. 하지만 긴 호흡으로 세상과 자연, 사람과 시간이 녹아드는 그의 건축물은 보면 볼수록 따뜻하고 다정하며 인격적이다.

정기용이 기적의 도서관을 설계하면서 가장 먼저 했던 일은 도서관이 지어질 곳에 가서 사람들을 만나고 아이들과 대화하며 그들의 삶에 녹아들 이야기를 수집하는 일이었다. 아이들을 위한 도서관이기에 엄숙하기만 한 곳이 아니라, 웃고 떠들며 마음껏 책을 읽고 공연도 할 수 있는 복합 공간이자 꿈의 터로서 어린이도서관을 설계했다. 바닥은 온돌을 깔아서 아이들이 마음껏 뒹굴 수 있도록 했고, 다락방처럼 은폐된 공간을 곳곳에 숨겨두었다. 도서관 입구에 설치된 세면대는 아이들이 밖에서 놀다가 들어와 깨끗하게 손을 씻고 책을 보라는 배려였다. 이런 세심한 배려는 아이들의 생활을 얼마나 유심히 꼼꼼하게 들여다보았는지 짐작하게 한다. 또한 그가 설계한 도서관들은 그 지역의 문화적 특성이나 지형적 특성을 최대한 담아낸 것들이다. 공간을 다양하게 전개함으로써 지루할 틈이 없어서 아이들이 끝없는 상상력을 자아낼 수 있게 했다. 그가 만든 기적의 도서관은 공공건축물에 대한 새로운 시각을 제시했다.

이처럼 기적의 도서관은 무척 훌륭하지만, 개인적으로 정기용 건축과 사상의 백미는 우리나라에서 최초로 시행된 공공건축 프로젝트인 '무주 프로젝트'라고 생각한다. 그 과정을 그대로 기록한 책이 바로 『감응의 건축』이다. 2008년에 나온 책을 고전의 영역에 소개하는 까닭은, 정기용이 세상을 떠나서도 아니고 건축가들의 저작이 없어서도 아니다. 그가 우리나라에서 최초로 지역공동체에서 전방위적으로 다양하게 공공프로젝트를 벌였다는 사실과 그가 만들어 놓은 결과물들은 현대의 고전으로 평가해도 부족함이 없다고 생각하기 때문이다.

10여 년의 공공건축 프로젝트

이 책에서 나는 건축가 정기용뿐만이 아니라, 정기용과 교감하며 전폭적으로 프로젝트를 지지했던 무주 군수에게도 눈길이 갔다. 당시 지자체의 전폭적인 지지와 사상의 공유가 없었다면 무주 프로젝트의 기적은 불가능했을 것이다. 지방자치단체장의 신념과 철학이 지역공동체에 미치는 영향을 잘 보여주는 사례라 할 수 있다.

처음부터 두 사람이 의기투합했던 것은 아니다. 흙집에 대한 연구를 하던 정기용은 흙으로 지은 무주의 한 마을회관 준공식에 참석해 당시 김세웅 무주 군수를 우연히 만났다. 김 군수는 "서울의 유명한 건축가가 무주에서 건축을 해줄 수 있는지"를 물었고, 거기에 감응한 건축가가 서울과 무주를 오가며 10여 년간 공공건축 프로젝트를 진행했다. 돈도 되지 않는 일이며, 시간과 공력이 많이 드는 비경제적인 프로젝트였다. 지역의 토목이나 건축에 기생하는 토호세력들의 끝없는 견제와 비난까지 겪어야 했다. 그러나 두 사람의 뚝심이 역경을 이겨냈고, 무주 프로젝트는 완성되었다.

해마다 인구가 줄고 있는 무주군에는 여섯 개의 읍면이 있다. 정기용은 모든 읍면에 새로운 건축물을 짓기도 하고 기존의 건축물을 리모델링도 하면서 프로젝트를 진행했다. 그 중 대표적인 것이 안성면사무소와 등나무운동장이다. 정기용은 무주를 단순히 관광지로 보지 않고, 그 땅이 지닌 생태 복원력과 거주민들의 삶이 녹아나 그들의 행복과 미래가 배양될 수 있는 공간을 마련하고자 했다. 그는 끊임없이 주민들을 만나 그들이 필요로 하는 것들을 물었다. 그렇게 해서 탄생한 것이 '안성면사무소의 목욕탕'이었다. 무주군에는 읍에 목욕탕이 있었지만 대전-통영 간 고속도로가 생긴 이후 가까운 유성온천을 이용하는 주민이 늘면서 목욕탕이 문을 닫았다. 그 바람에 바쁜 농부들은 목욕하는 일이 더 힘들어졌다. 정기용은 면사무소를 새로 지으면서 1층에 목욕탕을 마련해 홀숫날에는 남자들이, 짝숫날에는 여자들이 이용할 수 있게 했고 요금도 천 원만 받았다. 주민들의 이야기를 듣지 않았다면 목욕탕 아이디어를 낼 수 없었을 것이다. 뿐만 아니라 면사무소 2층 로비에는 넓고 높게 창을 내어 덕유산을 감상할 수 있는 최고의 전망대를 마련했다.

건축가와 군수의 의기투합이 빚어낸 또 다른 보석은 공설운동장이다. 이것이야말로 작가가 강조하는 '감응'의 결정체다. 김 군수는 공설운동장에서 군내 행사가 있을 때마다 주민들을 초대하는데, 주민들은 거의 오지 않고 공무원들만 참여하는 것이 늘 마음에 걸렸다. 그래서 주민들에게 왜 참석하지 않느냐 물었더니 "여보게 군수, 우리가 미쳤나! 군수만 본부석에서 비와 햇볕을 피해 앉아 있고 우린 땡볕에 서 있으라고 하는 게 대체 무슨 경우인가. 우리가 무슨 벌 받을 일 있나? 우린 안 가네." 그 말을 듣고 각성한 군수가 운동장 주변에 240여 그루의 등나무를 심었고 그게 자라자 건축가에게 등나무의 집을 지어달라고 부탁했다. 건축가는 군수의 깊은 뜻을 담아 식물을 닮은 구조물을 설계했고 마침내 세상에 하나뿐인 등나무 운동장이 탄생했다. 여름에는 새로 잔디를 깐 운동장에서 군민들이 모여 영화를 감상한다. 5월 등나무 꽃이 필 즈음에 방문하면 감탄을 금할 수 없는 풍경이 펼쳐진다.

정기용은 무주군청을 리모델링하면서 과거의 건물이 지닌 역사성을 품는 동시에 현대식 편의성과 예술적 감각을 혼합한 건물을 만들었다. 시민들에게 친근하고 편리하면서 공공성을 극대화하는 데 신경 썼다고 한다. 2층의 캐노피는 인터넷카페를 설치해 청소년들이 이용할 수 있도록 했다. 관공서 건물의 권위를 상징했던 캐노피를 청소년들의 인터넷 공간으로 변신시킨 것은 청소년들이 정보화 사회로 나아가도록 유도하는 동시에 간접적으로 사회적 학습을 하는 효과를 가져왔다. 또한 공무원 어른들은 매일 인터넷을 이용하는 아이들을 보면서 자신들이 어떤 일을 하는지 각성했다. 정기용은 다음과 같이 말한다.

> 하나의 공간을 새롭게 탄생시킴으로써 우리가 평소에 상상하지 못하던 삶이 조직되고, 그것은 다시 우리에게 되묻는다. 그 어떤 건축 행위보다도 우선되는 것은 건축의 형태나 모양이 아니고 작지만 소중한 사람들의 삶이기 때문이다.

이 외에도 재래시장, 청소년수련관, 청소년문화의 집, 곤충박물관과 자연학교, 향토박물관, 천문과학관, 농민의 집, 된장공장, 전통문화공예촌, 보건의료원 리노베이션, 종합복지관, 노인전문요양원과 납골당과 버스정류장까지 정기용의 무주 프로젝트는 그 범위가 광범위했다. 의료원, 복지관, 요양원은 격리의 개념이 아니라 개방적이면서도 이용자들의 인격과 존엄성을 극대화시킬 수 있는 방향으로 설계했고, 재래시장은 현대적이면서도 주민 친화적으로 새롭게 꾸몄다. 농민의집 꼭대기에는 전망을 볼 수 있는 카페를 마련해 민원인들이 그곳에서 읍내를 조망할 수 있도록 배려했고, 납골당은 삶과 죽음의 분리가 아닌 공존의 개념을 도입해 주변에 있는 인삼밭과 어우러지는 따뜻하고 친근한 디자인으로 설계했다.

비용을 많이 들여 화려하게 지은 현대식 건물은 지금도 많이 볼 수 있다. 그러나 최소의 비용으로 시민과 이용자의 관점에서 세심하게 설계한 무주의 건축물들을 보고 있으면 실로 감탄이 나온다.

무주 프로젝트의 의미와 가치를 되살려야

정기용은 천성이 조용한 사람이었다. 그가 무주에서 벌인 수많은 업적을 스스로가 떠들거나 자랑하지 않았다. 한 지역에서 10년 넘게 공공건축 프로젝트를 벌이는 것이 정기용이 아니라면 가능한 일이었을까. 다행히 뜻이 맞은 군수가 적극적으로 지원을 하긴 했지만, 건축가와 건축사무소는 시간과 경비의 팽창으로 경제적 이익을 거의 얻지 못했다고 한다. 스스로를 '건축의 공익요원'이라 칭했던 정기용은 사명감으로 이 프로젝트를 완수했다.

그러나 안타깝게도 후임 군수는 전임 군수의 업적을 깎아 내리는 데 골몰해 프로젝트로 지어진 건물들을 방치하거나 훼손함으로써 본래의 의미를 퇴색시켰다. 군민들도 그 프로젝트의 의미를 제대로 알지 못해 안타까울 따름이다. 해마다 몇 차례 무주군에 들르는데 그때마다 사람들은 무주 프로젝트에 대해 잘 모르고 무관심해 보여서 안타까웠다. 무주교육청에서 강연을 할 때 무주 프로젝트에 대해 이야기하면 사람들은 금시초문이라는 반응이었다. 무주 프로젝트가 "개발에 편자"가 되지 않으려면 눈을 밝게 떠야 하지 않을까. 돈을 퍼붓는 축제나 정체성도 없는 행사 따위에 매달리며 관광수익을 운운하는 지자체나 시민들을 보면 한숨이 나온다. 지금이라도 공공건축 프로젝트의 의미와 가치를 되살리는 일에 눈돌렸으면 하는 바람이다.

공공건축은 문화적인 일이다. 한 사회의 문화적 지표가 되고 나아가서는 삶이 문화로 전환되는 것이기 때문에, 건축이 문화가 되게끔 이어갈 수 있는 원칙과 능력, 책임이 따라야 한다.

무주 프로젝트는 정기용의 철학이 고스란히 반영된 '감응의 건축' 프로젝트였다. 이제 정기용은 떠나고 세상에 없다. 그는 도심의 높은 빌딩을 칼날처럼 세우지 않았다. 다른 유명한 건축가들처럼 남기고 간 건축물이 많지도 않다. 그러나 그의 건축에는 사람과 자연이, 시간과 삶이 조용히 감응하며 익어가고 있다. 이 책을 읽고 그 의미와 가치를 제대로 느끼고자 하는 사람은 무주로 가보길 권한다. 그곳에서 직접 정기용의 철학을 느끼고 올 때 독서의 깊이는 몇 배 더 깊어질 것이다.

다시 읽은 고전

오주석의 한국의 美 특강

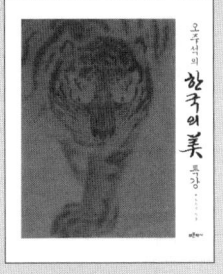

오주석 지음,
푸른역사, 2017

오주석의 한국 미 특강집. 저자가 한국 미술의 아름다움을 알리기 위해 전국을 돌며 펼쳤던 강연 내용을 책으로 정리한 것이다. 수많은 도판 자료와 우리 옛 사상, 정치, 경제, 사회, 자연, 문화 등에 대한 방대한 지식을 토대로 우리 전통문화를 이해하는 새로운 시각과 사고의 틀을 친절하고 깊이 있는 설명 속에 제시하고 있다.

오주석 1956~2005

한국의 미술사가. 서울대 동양사학과, 동 대학원 고고미술사학과를 졸업하고, 〈코리아헤럴드〉 문화부 기자, 호암미술관 및 국립중앙박물관 학예연구원을 거쳐 중앙대학교 겸임교수를 역임하였다. 간송미술관 연구위원 및 연세대학교 영상대학원 겸임교수로 재직했다. 단원 김홍도와 조선시대의 그림을 가장 잘 이해한 미술사학자로 평가받은 그는 우리 미술의 아름다움을 알리기 위해 전국 방방곡곡에서 강연을 펼쳤으며, 한국 전통미술의 대중화에 앞장선 사람이다. 저서로는 『오주석의 한국의 美 특강』, 『단원 김홍도』, 『이인문의 강산무진도』, 『오주석의 옛 그림 읽기의 즐거움 1, 2』, 『그림 속에 노닐다』, 『오주석이 사랑한 우리 그림』 등이 있다.

영혼이 울리는
감상을 해본 적이 있는가

지금은 책의 제목조차 기억이 나질 않는다. 다만 한자로 쓰인 저자의 이름을 우리 식 발음인 '유종열'로 기억하다가 나중에 그의 일본 이름이 '야나기 무네요시'였다는 것을 알았다. 그 후 나는 '야나기^柳'라는 옥호를 가진 화식^{和食}(흔히 일식집이라 부르는) 집을 볼 때마다 유종열이 생각난다. 유종열^{柳宗悅}을 처음 알게 된 건 중학생 시절에 보았던 〈독서신문〉 특집에서였다. 그 신문에서는 유종열에 대해 3~4면 정도의 지면을 할애해 특집으로 다루었다. 야나기 무네요시는 일본인이었지만, 조선의 문화와 문화재에 대해 각별한 애정을 가진 사람이었고, 조선 고유의 문화를 무시하는 일제의 정책에 항의했으며, 조선의 도자기를 많이 수집했고, 1924년 조선민족미술관을 설립하였으며, 조선의 미에 대해 많은 논문을 남겼다는 내용들이 나와 있었다. 당시 나는 하굣길에 인사동을 지나면서 골동품은 고리타분한 옛 물건 정도로만 여기고 있었는데, 그 기사를 읽으면서 뒤통수를 망치로 맞은 느낌이었다. 그 특집을 읽고 나서 종로2가 양우당 서점에서 그가 쓴 문고판 한 권을 샀다.

쉬운 글은 아니었지만 감수성이 따뜻했고 보는 눈은 예리했다. 일본인이면서 어떤 조선인보다 더 조선을 사랑하는 마음이 느껴져서 살가웠다. 특히 조선의 도자기에 대한 그의 깊은 애정은 한국인으로서 부끄러울 정도로 깊고 풍부했다. 유종열은 우리가 알지 못했던 우리의 아름다움을 알려준 사람으로 평가받는다.

중학교 1학년 시절, 국어 교과서에 설의식 기자의 「헐려 짓는 광화문」이라는 수필이 실려 있었다. 그 수필의 주인공이 야나기 무네요시, 즉 유종열이었다. 당시 중앙청 앞에는 광화문이 있었기 때문에 이 글을 읽을 때 의아했다. 알고 보니 그 수필은 1926년, 광화문을 옮겨 짓는 시기에 쓰인 글이었다.

광화문은 팔자가 기구했다. 일본은 조선총독부를 경복궁 내에 짓기로 하고 정문인 광화문을 철거하기로 했다. 그러한 폭력적인 결정에 반대 여론을 지핀 사람이 바로 야나기였다. 그는 「조선 친구에게 보내는 글」,「사라지려는 한 조선 건축을 위하여」 등의 글을 일본 언론에 발표했는데, 그 글이 반향을 일으켜 광화문 철거를 막을 수 있었다. 그렇게 가까스로 철거를 면했지만, 결국 경복궁에서 중앙청 앞으로 옮겨짓는 과정을 당시 〈동아일보〉 기자였던 설의식이 기록한 것이 바로 「헐려 짓는 광화문」이었다.

물론 그에게 분명 오리엔탈리즘과 식민사관을 교묘하게 포장한 제국주의자의 시각도 있었음을 부인할 수는 없다. 어쨌거나 야나기 무네요시, 나에게는 여전히 '유종열'인 그의 책을 통해 우리 예술의 아름다움을 깨달을 수 있었다. 이후 고고학자 김원용, 미술사학자 김용준을 거쳐 최순우의 책을 섭렵할 수 있었던 건 그때 만난 그의 책 덕분이다.

그림 감상의 참맛을 일깨워주다

오주석. 그 이름을 떠올릴 때마다 고맙고 안타깝고 아프다. 우리의 미술을 바라보는 새롭고 예리하며 섬세하고 따뜻한 그의 시선을 통해 시야가 더 넓고 깊어졌으니 고맙고, 너무 일찍 우리 곁을 떠나 안타까우며, 그가 남긴 멋진 글을 읽을 때마다 그가 그리워 아프다. 그가 조금만 더 오래 이 세상에 존재했다면 그의 멋진 글과 사상을 우리가 좀 더 누릴 수 있었을 것이다. 조선시대의 그림들, 특히 김홍도의 그림을 가장 잘 이해한 21세기 미술사학자로 평가받은 오주석은 한국 전통미술의 대중화에 앞장서다 쉰 살도 넘기지 못하고 마흔아홉의 아까운 나이에 병으로 세상을 떠났으니 우리 학계와 문화계의 큰 손실이 아닐 수 없다.

만약 내가 청년기에 오주석의 저작을 읽었다면 어땠을까, 하는 생각을 해본다. 김원용이나 김용준의 책은 물론 깊이와 너비가 갖춰진 것이지만 학자 특유의 딱딱함과 약간의 현학이 깃들었다. 무엇보다 관념적인 서술로 인해 일반 독자들이 감동을 받기 어려운 면이 있었다. 최순우의 책은 상당히 대중적 호응을 얻었고 그로 인해 많은 독자들의 눈을 밝게 해주었다. 하지만『오주석의 한국의 美 특강』은 관념적인 면이 별로 없으면서도 작품의 의미와 가치를 대중의 언어로 쉽게 전달하는 힘을 지녔다. 그러면서도 내용은 세밀하고 꼼꼼하다. 게다가 강연의 내용을 글로 옮긴 것이라서 마치 강연장에서 직접 듣는 듯한 생동감까지 느낄 수 있다.

오주석은 일찍이 김홍도의 그림에 대한 웅숭깊은 분석과 해설로 주목을 받았다. 그는 옛 그림을 감상할 때 두 개의 원칙을 강조한다. 첫째, 옛사람의 눈으로 볼 것, 둘째, 옛사람의 마음으로 느낄 것. 우리는 학교에서 12년 가까이 미술 과목을 배우지만 미술을 제대로 감상하는 법을 배운 적도 별로 없고 특히 우리의 옛 그림에 대해서는 거의 문맹에 가까운 게 현실이다. 그나마도 상투적인 서술과 어설픈 구조 분석 따위로 때우는 게 대부분이었으니 제대로 그림을 감상할 줄도 모르거니와 당연히 일부러 찾아가 그런 그림을 보려는 생각도 별로 없다. 하지만 오주석의 이 '강의'를 읽으면 일부러라도 꼭 찾아가 그 그림을 보고 싶은 강한 욕망이 생긴다.

오주석은 그림이 단순히 보는 것이 아니라고 말한다. 그림을 읽고 작가와 대화하며 그림 속을 거닐어보라고 권한다. 우리는 주로 중요한 것, 시험에 나올 만한 것 위주로 정해진 답을 외듯 그림을 공부했지만 오주석은 그림에서 그 어느 하나 무심히 지나치면 안 되는 까닭을 친절하게 설명한다. 점 하나, 선 하나, 표정 하나 그 어떤 것도 무의미한 게 없다. 우리가 말을 걸었을 때 그 모든 것들이 친절하고 세밀하게 자신을 이야기한다. 그게 그림 감상의 참맛이다. 오주석의 표현에 따르면 그런 "감상은 영혼의 떨림으로 느끼는 행위인 만큼 마음 비우기가 중요하다."

> 아는 것은 이것(강사:자신의 머리를 톡톡 침)만 쓰는 겁니다. 바로 '이건 김홍도의 풍속화로군' 하고 넘어가는 분입니다. 그러나 좋아하는 분은 '야, 이거 재미있는데' 하고 작품 자체에 반응을 보입니다. 한 수 높지요. 가슴까지 썼습니다. 하지만 즐거워한다는 것은 무엇입니까? 예술품을 체험하는 동안 완전히 반해서 온몸이 부르르 떨리는데, 이런 반응이란 기실은 우리 내면 영혼의 울림인 것입니다.

우리가 언제 이렇게 영혼이 울리는 감상을 해본 적이 있는가. 영혼의 울림은 단순히 감성이 움직이고 반응하는 것이 아니다. 제대로 이해하고 대화하며 속살을 읽어냈을 때 가능한 일이다. 따라서 올바른 감상은 올바른 인식을 전제한다. 이 책에서 김홍도의 〈씨름도〉를 분석하는 그의 설명을 따라가다 보면 금세 그것을 체감할 것이다. 그리고 무릎을 치며 경이로움의 탄식이 절로 날 것이다.

우리 예술의 대중화를 꿈꾼 사람

선조들이 이룩해낸 문화와 예술에 대해 그저 우리 것이니까 소중하고 높은 가치를 부여해야 한다고만 생각한다면 그것은 편협한 문화적 국수주의에 불과하다. 그러나 제대로 분석하고 이해해보면 우리의 옛 문화 예술은 격조와 품위가 매우 높다. 문제는 그것을 인식하지도 체감하지도 못한다는 사실이다. 오주석이 장소와 대상을 가리지 않고 수많은 강연을 마다하지 않은 것은 그러한 깨달음을 전파하기 위해서였다. 기자, 학예연구원, 대학 강사 등을 거치면서 오주석은 우리 예술에 대한 대중적 인식을 넓히는 것에 사명감을 느꼈던 것 같다. 그의 강의를 들은 청중들이 우리 예술에 감동하는 것을 보면서 더 열심히 대중 강연을 다녔다. 그의 강연에 속기사를 붙여서 글로 옮긴 것이 바로 『오주석의 한국의 美 특강』이다.

"아는 만큼 보이고 보는 만큼 안다"라는 말은 이제 거의 상투어가 되었지만, 오주석의 강의에 그만큼 딱 들어맞는 말도 없다. 우리 미술에서 이전에는 보이지 않던 선의 흐름이나 구도의 역동성도 그의 책을 읽고 나면 그대로 보인다. 우리의 병풍과 일본 병풍을 비교하는 대목에서는 그의 날카로운 시각이 그림에 국한된 것만 아님을 알 수 있다. 예컨대 조선의 병풍은 좌우 경계의 띠가 아주 좁고 그 가장자리에는 자줏빛과 흰빛으로 된 1밀리미터 굵기의 띠가 둘러져 있고 표구가 두껍지 않아 병풍 뒤에 놓인 물건이 다 비칠 정도이다. 하지만 일본의 병풍은 "그 뒤에 사무라이가 칼을 들고 숨어 있어도 알 수가 없다"고 한다.

김홍도의 〈마상청앵도〉를 해설할 때는 윤곽선을 그리지 않고 먹이나 물감을 찍어서 한 붓에 그리는 화법인 '몰골' 화법을 설명해준다. 말 그림에 윤곽선을 따로 그리면 그림이 복잡하고 거추장스럽지만, 그것을 생략함으로써 말을 탄 선비가 도드라진다는 설명에서 우리는 거장의 솜씨에 탄복하게 된다. 그의 예리한 분석은 계속 이어진다. 그림에는 길과 나뭇가지의 흐름이 사선으로 되어 있는데 우리는 그림 아래에서 고개를 들고 버드나무를 바라보는 선비의 시선을 따라가게 된다. 오주석이 아니었다면 이런 시선의 절묘함을 알 수 있었을까. 여백에 써진 화제 글씨도 크고 진한 글자들이 옆의 행으로 서로 이어지면서 비스듬한 선을 긋고 있다. 마치 화제 글씨가 "메아리치듯 울리는" 것 같다. 오주석의 남다른 관찰력이 없었다면 그냥 으레 써져 있는 문구려니 하고 여겼을 것이다.

그렇다고 그는 자신을 내세우며 우쭐대지 않는다. 자신도 작품을 20년 넘게 봐왔지만, 화제 글씨가 그렇게 역동적으로 쓰인 사실을 발견한 것은 겨우 1년밖에 되지 않는다고 고백한다. 그렇게 오랜 세월을 들여다보고 연구했기에 그토록 예리하고 세심하게 그림을 해설해줄 수 있었을 것이다. 그림에 대한 설명을 더 따라가 보자.

그리고 버드나무 잎새만 보이고 실가지가 없죠? 그 많은 잔가지가 다 어디로 갔을까요? 누가 이걸 제대로 그린다고 버드나무 실가지 선을 선비의 코앞에다 쭉쭉 그려 넣는다면 어떻게 되겠습니까? 그림 맛이 뚝 떨어집니다! 선비의 봄꿈이 완전히 깨져 버리고 마는 거죠. 버들잎 긴 것을 누가 모릅니까? 하지만 화가는 이파리를 마치 꽃비가 내리듯 툭툭 쳐내고 말았습니다.

이쯤이면 단원 김홍도가 오주석에게 고맙다고 절을 하고 싶지 않을까. 김홍도 자신의 그림을 오주석만큼 명쾌하고 깊게 풀어내준 사람은 없었을 테니까.

　이 책에서 사례로 들고 있는 그림들과 그 설명을 따라가면 결코 중간에 멈출 수 없다. 그만큼 그의 매력에 흠뻑 빠져들 것이다. 이 책의 초판은 2003년 초에 출간되었다. 그러니까 강연은 20세기였지만 책은 21세기에 나온 셈이다. 그런데도 내가 이 책을 고전의 반열에 기꺼이 올리는 것은 저자가 이미 세상을 떠났기 때문도 아니고, 우리의 출판 풍토에서 저자가 세상을 떠나면 금세 잊히는 세태에 비해 여전히 사랑받는 책이기 때문만도 아니다. 이 책은 이미 그 내용 자체만으로 시간의 경계를 무의미하게 만드는 공력을 지녔다고 믿기 때문이다.

　예전 야나기 무네요시의 책을 읽으면서 한편으로는 고맙고 한편으로는 불편하던 어색함이 오랫동안 남았다. 그의 삶과 책 모두 양면성을 지니고 있기 때문이었을 것이다. 그러나 오주석의 이 책은 그런 채무 의식을 말끔하게 씻어낼 뿐 아니라 깨끗하고 따뜻한 온천수로 다시 세례하는 듯한 뿌듯함을 가득 누릴 수 있다. 그러니 그가 더욱 고맙고, 그런 그가 더 이상 우리 곁에 존재하지 않는다는 사실이 안타깝고 아프다.

다시 읽은 고전

감옥으로부터의 사색

신영복 지음,
돌베개, 1998

통일혁명당 사건에 연루돼 수감생활을 했던 신영복의 옥중서간. 20여 년에 이르는 수감생활 동안 저자가 느꼈던 소회를 담은 230여 장의 편지와 글들을 묶어 책으로 펴냈다. 신영복의 고결한 사색의 높이는 교도소 담장을 훌쩍 넘어 감옥 밖에 있던 수많은 사람들의 생각의 벽을 허물게 했다. 이후 한 세대가 지난 지금까지 깊은 울림을 주는 우리 시대의 고전으로 자리매김하였다.

신영복[1941~2016]

전 성공회대 석좌교수, 작가, 학자. 1941년 경남 밀양에서 태어나 서울대 경제학과와 동 대학원을 졸업했다. 이후 숙명여대와 육군사관학교에서 경제학을 가르치다가 1968년 통일혁명당 사건에 연루돼 무기징역을 선고받았다. 20년간 수감 생활을 하던 중 1988년 광복절 특별가석방을 받아 출소했다. 출소한 날 수감 생활을 하며 느낀 소회와 고뇌를 편지 형식으로 적은 『감옥으로부터의 사색』을 출간했다. 1989년부터 성공회대 사회과학부 교수로 정치경제학, 중문학 등을 강의했고 이로부터 10년 후인 98년 사면복권됐다. 대표작으로 『나무야 나무야』, 『더불어 숲』, 『강의—나의 동양 고전 독법』 등이 있다.

감옥 밖에서 받아든
감동의 성찰

일요일 오후, 담요 털러 나가서 양지바른 곳의 모래흙을 가만히 쓸어 보았더니 그 속에 벌써 연록색의 풀싹이 솟아오르고 있었습니다. 봄은 무거운 옷을 벗을 수 있어서 행복하다던 소시민의 감상이 어쩌나 삭은 풀싹에 맞는 이야기가 되었나 봅니다.

누구나 조금만 마음을 기울이면 느낄 수 있을 감정이고 생각이다. 시리고 움츠렸던 긴 겨울의 터널을 지난 뒤 맞는 봄은 사람의 마음도 봄으로 만든다. 그러니 이 문장이 그리 큰 울림으로 다가올 건 아니다. 하지만 '담요 털러 나갔다'는 글머리에서 글의 주인공이 예사롭지 않은 환경에 처해 있음을 짐작하고 나면 글에 담긴 사색과 울림이 크게 다가온다. 무기수에게 해마다 바뀌는 봄이 과연 무슨 의미가 있을까. 그러나 저자는 모든 순간에 자신의 마음과 생각의 문을 열고 자기 삶의 고갱이를 담았다.

세상이란 실천의 대상

육사교관이자, 촉망받는 젊은 학자였던 신영복은 어느 날 반국가사범으로 몰려 무기징역을 선고받는 신세가 되었다. 1968년에 일어났던 통일혁명당 사건은 어디까지가 사실이고 어디까지가 조작인지 여전히 명쾌하게 규명되지 않는 사건이었다. 이 사건으로 인해 무기징역수가 된 그는 감옥에서의 시간을 조용히 성찰한 기록을 가족들에게 편지로 보낸다. 그 서간문을 묶어낸 것이 바로 『감옥으로부터의 사색』이다.

그에게 차가운 교도소에서의 겨울은 옆 사람의 체온으로 추위를 이겨나가는 '원시적 우정'을 가능하게 하는 시간이다. 오히려 더위 때문에 옆 사람을 증오하게 만드는 여름을 견디는 것이 형벌 중의 형벌이었다고 토로한다. 무려 20년이 넘는 감옥생활이었다. 사상범의 경우 대부분 전향으로 석방되는 경우가 많았던 점을 보면, 신념을 끝까지 지켜내는 것이 결코 쉬운 일이 아니었을 것이다. 어지간한 사람이라면 무너지고도 남았을 시간을 신영복은 깊은 사색과 성찰로 촘촘하게 채워나갔다.

외부인이 볼 때 교도소의 생활은 다 똑같아 보이겠지만, 재소자들에게 다른 교도소로 이동하는 이감은 새로운 경험일 것이다. 어쩌면 교도소 밖을 잠깐이라도 거치는 거의 유일한 시간이 바로 이감의 과정일 것이다. 그러나 모든 차창을 가려 밖을 볼 수 없는 장소의 이동이다. 신영복은 그런 이감의 과정에서 느끼는 공간과 시간을 나름의 방식으로 소화한다.

> 이번 이사 때 가장 두고 오기 아까웠던 것은 창문이었습니다. 부드러운 능선과 오뉴월 보리밭 언덕이 내다보이는 창은 우리들의 메마른 시선을 적셔주는 맑은 샘이었습니다.

일상에서라면 특별한 감흥이 거의 없을, 고정된 창밖의 풍경마저 누리지 못하는 안타까움을 이야기하는 그의 심정을 상상하면 같은 상실감이 느껴지는 것 같다. 그런데 그 다음에 이어지는 문장에서는 그가 더 웅숭깊은 사상가로 진화하는 모습이 보인다.

> 생각해보면 창문보다는 역시 문이 더 낫습니다. 창문이 고요한 관조의 세계라면 문은 힘찬 실천의 현장으로 열리는 것입니다.

그는 감옥에서도 명상가가 아니라 실천적 사상가로 자기 정체성을 다듬어갔다. 그가 보내는 이 편지가 형수에게 보내는 새해 인사라는 점에 특별히 눈길이 갔다. 형수가 이 편지의 수신인이라는 건 가족 간에 깊은 성찰의 교환이 가능하다는 의미이기 때문이다. 그런 점에서 이 책은 신영복의 내면뿐 아니라 그것을 받는 수신인들(가족들)의 됨됨이도 엿볼 수 있게 한다.

밖을 관조하는 창문이 아니라, 열고 현실로 나아갈 수 있는 '문'에 대해 대목은 '이름에 대한 사색'이라 불러도 어울린다. "'이름'

은 나중에 붙는 것, 지식은 실천에서 나와 실천으로 돌아가야 참다운 것이라 믿습니다." 이러한 고백은 감옥을 벗어나 실천하는 지식인으로 살고 싶다는 열망이 담긴 말이기도 하겠지만, 입만 살아있고 안온함에 몸을 맡긴 수많은 지식인들에게 던지는 질책일 수도 있다. 수많은 지식인들이 이 책을 읽으면서 감동한 지점도 아마 그런 부분일 것이다. 신영복이 긴 감옥 생활에서도 자신을 꺾지 않고 견뎌내며 더 깊은 생각의 고갱이를 키워낸 모습과, 그의 흔들리지 않는 모습이 자신의 안일함을 스스로 깨우치게 만드는 죽비와도 같았기 때문이다.

1990년, 이 책이 세상에 처음 나왔을 때, 사람들은 우리 내면에 깊은 울림을 던지는 구루가 나타났다고 감탄했다. 그의 문장 하나하나가 살아서 꿈틀거리면서 내 닫힌 사유를 깨우고 비겁과 타협하는 스스로를 부끄러워하며 돌아보게 했다. 현학이나 변설이 아니라 꾹꾹 눌러 쓴 연필 글씨처럼 단단하면서도 따뜻한 격려이자 죽비였다. '감옥'이라는 이름이 주는 폐쇄적이고 불편한 느낌 때문에 꺼려했던 사람들조차 일단 책을 펼치면 금세 그 매력에 빠져들었다. 그의 글은 끊임없이 신념의 실천에 대한 각성과 성찰을 일깨웠다.

실천이 따르지 않는 사유는 일종의 사상적 자위일 뿐이다. 사유와 실천의 불일치를 부끄러워하지도 않을 뿐더러 사람들이 던지는 관심과 과도한 명성에 취해서 문화 권력자로서의 위상만 탐하는 자들이 얼마나 많은가. 그런 이들이야말로 이 책을 읽고 반성과 새로운 다짐을 얻어야 할 것이다. 정작 그런 사람들은 신영복이 전향선언을 하지 않은 사상범이자, 책 한 권으로 명성만 누리는 위험한 좌파사상가일 뿐이라고 폄하하고 있다. "세상이란 관조의 대상이 아니라 실천의 대상"이라 말하는 그의 사유는 모든 지식인들이 새겨들을 만하다.

감옥 밖 수많은 이들의 가슴에 남긴 깊은 울림

그의 책을 다시 펼쳐든 건 자꾸만 탁해지는 세상과 우리의 무딘 감성이 타성으로 흐르고 있다는 생각 때문이었다. 보수를 참칭한 수구 세력은 민주주의를 망가뜨리고 인간의 존엄성과 헌법의 기본적 가치까지 짓밟았다. 그런 자들을 지도자로 뽑고 거기에 굴종하는 부끄러운 현실이었고, 그 부끄러움은 온전히 시민들의 몫이었다. 분노와 회한의 시기에 그의 책을 다시 읽으며 생각을 다잡고 시대정신에 대해 깊이 성찰하고 구체적인 실천의지를 세워야겠다는 다짐을 했다.

세월호 사건, 재벌가 자녀들의 갑질 등에서 우리 사회가 타인에 대한 공감 능력의 상실이 극에 달았음을 본다. 오로지 이해관계로만 타인과 관계 맺고, 스스로 강자라 여기며 단단한 옹성을 쌓기에 바쁜 자들이 저지르는 행태가 임계점을 넘고 있다. 사람들은 처음에는 분노하고 비판하지만 그런 행태가 반복되면 차츰 포기하거나 동의해버리는 일도 빈번하다. 잽싸게 그들의 편에 서서 부스러기라도 얻으려 한다. 공감 능력을 상실한 사회는 절망의 사회다. 그 점을 우리는 외면하고 있다. 다시 이 책을 읽으면서 단순히 지적 공감에만 머무르는 것이 얼마나 참담하고 부끄러운 일인지 새삼 실감하게 됐다.

관계를 맺는다는 것은 아픔을 공유하는 것에서부터 시작하는 것인가 봅니다.

인간을 사랑할 수 있는 평범한 능력이 인간의 가장 위대한 능력이라는 그의 말이 가볍게 들리지 않는다. 문화가 그런 능력을 계발하고 문명이 그것을 손상함이 없어야 한다는 말은 지금 우리 사회에 가장 필요한 성찰이다. 어쩌면 이 책이 많은 이들에게 감동을 주고 삶에 대한 진지한 성찰과 더불어 새로운 삶의 태도를 정립할 수 있게 해준 것은 그 내용이 깊은 학식과 정연한 논리로 무장했기 때문이 아니라 그것을 가볍게 뛰어넘는, '공감의 실천'을 향한 공동의 성찰을 발견하는 힘을 담고 있기 때문일 것이다.

감옥에서 벌어지는 소소한 에피소드에서는 웃음과 정감이 느껴진다. 같은 감방에 있던 한 노인의 이야기는 특히 웃음이 났다. 노인은 감방에서 많은 시간을 보냈지만 그의 자리는 늘 화장실 옆이었다. 감방에서의 이력으로 따지면 한참 고참일 텐데 그 자리를 차지하는 걸 보면 대접을 받지 못하는 게다. 그러니 위세도 부리지 않고 말도 별로 없다. 그런데 신참이 들어오면 그의 시간이 된다. 바짝 긴장한 신참에게 조곤조곤 대하니 얼마나 고맙고 따뜻하게 보였을까. 무슨 범죄를 저지르고 들어왔는지 형량이 얼마인지 등을 묻고 감방 생활의 요령 등을 세세히 알려준 뒤 자신이 살아온 삶의 길고 긴 이야기를 털어

놓는다. 신참 말고는 그의 이야기를 들어줄 사람이 없으니 인생 전체의 이야기를 풀어놓는다. 그가 얼마나 그 이야기를 많이 했을까. 모든 신참들이 들었을 것이고 나중에는 지겨워했을 것이다. 그러니 아무도 듣지 않고 밀려난다. 새로 들어온 신참은 자기 이야기를 끝까지 그리고 실컷 들어줄 것이니 물 만난 고기다. 신기한 것은 그가 풀어놓는 삶의 이력이 매번 바뀌는데 자기 미화가 심해진다는 것이다. 다른 사람들 같으면 그걸 타박할 텐데 신영복은 만약 그가 다시 새 사람으로 태어난다면 그렇게 자기가 바라는 삶을 실제로 살 수 있기를 기원해준다. 감옥이라는 단절된 절해고도의 공간에서 빚어지는 따뜻함과 깊은 애정은 분명 그의 인품의 깊이에서 길어진 것일 터다.

가장 고립된 공간, 가장 비인격적인 환경에서도 끝내 자존감과 인격을 잃지 않는다는 건 결코 쉬운 일이 아니다. 극한의 수양일 것이고 처절한 자기 연마일 것이다. 그런 과정을 겪은 사람들은 흔히 오만에 빠지기 쉽다. 그러나 그는 더 너그럽고 따뜻한 시선으로 세상과 사람을 대한다. 대인의 덕목이 어떠한 것인지 담담하게 드러낸다. 그가 출소한 이후 많은 사람들이 그에게 끌렸던 건 단순히 글의 힘만이 아니라 그의 인품과 덕성 때문일 것이다. 그가 긴 수감생활 동안 가까운 이들에게 보낸 편지들은 '관념 없는 외침', '실천 없는 관념'의 맹목과 무의미에 질린 많은 이들의 갈증을 해소해주었다.

그는 최악의 상황에서도 인간에 대한 애정과 믿음을 거두지 않았고 그것이 이 시대의 희망임을 전파했다. 우리는 가까운 사람에게 배신을 당할 때 가장 크게 상처 입고 회한을 느낀다. 무고하게 간

첩단 사건에 연루되어 무기징역을 선고받고 20년 넘게 감옥 생활을 견뎠던 그에게는 동지의 배신과 변절이 준 절망감이 훨씬 더 컸을 것이다. 그러나 그는 그것을 분노로 터뜨리지 않고 그마저도 자기성찰의 계기로 삼는다.

> 자기의 가장 가까이에 있는 사람을 미워한다는 사실, 자기의 가장 가까이에 있는 사람으로부터 미움 받는다는 사실은 매우 불행한 일입니다. 더욱이 그 미움의 원인이 자신의 고의적인 소행에서 연유된 것이 아니고 자신의 존재 그 자체 때문이라는 사실은 그 불행을 매우 절망적인 것으로 만듭니다.

누구라도 그럴 것이다. 크고 작은 차이, 깊고 얕은 느낌의 차이만 있을 뿐 누구에게나 주어지는 냉정한 현실이다. 그것을 어떻게 받아들이고 자기성찰의 계기로 삼느냐의 차이가 결국 사람됨의 차이로 갈라진다. 그는 자신의 불행이 상대에 대한 미움과 원망 때문이 아니라 미움과 원망의 대상을 제대로 파악하지 못하고 말초적인 감정에 흔들리는 자기 자신 때문이라고 고백한다. 감정에 흔들리지 않고 더 깊게 성찰하려 노력하는 그의 심정을 느낄 수 있다.

출소 이후 대학에 정착한 신영복은 묵묵히 강의와 저술에 집중했다. 유명세에 흔들리지 않고, 자신을 필요로 하는 이에게 흔쾌히 손을 내밀었다. 그는 어느 한 시대나 공간에 치우치지 않고, 동양과

서양, 고전과 현대를 아우르며 수많은 사상들을 우리의 시간과 공간, 사람의 눈으로 풀어냈다. 그는 참된 스승이었다. 그를 꺼리던 보수진영 사람들조차 그의 인품과 내공에 끌려 그에게 귀를 기울였다. 그가 가진 사상의 깊이는 진영의 논리나 시선 따위는 아무런 장애가 되지 않는다는 점을 역설적으로 보여준 셈이다.

스무 해 넘게 옥에 갇혀 있던 이의 글이라고는 믿기지 않을 정도로 단아하고 정결한 언어로 사람과 삶, 사회에 대한 애정을 드러냈던 그의 글은 '감옥 밖'에 있던 우리에게 감동을 주었다. 소중한 깨달음을 선사하고 지혜를 전수했던 신영복은 조용히 세상을 떠났다. 그러나 그의 가르침에 이끌린 사람들은 사람답게 사는 세상을 위한 발걸음을 내딛고 있다. 그가 '시민'으로 살았던 시간은 짧았지만 그가 남긴 흔적은 그 몇 배의 무게로 남았다. 이제 남은 우리들이 그에게서 얻은 가르침을 실천하는 과제가 남았다.

다시 읽은 고전

격몽요결

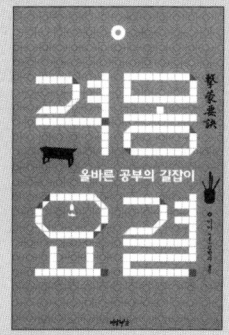

이이 지음,
김학주 옮김, 연암서가, 2013

1577년, 선조 10년에 이이가 학문을 시작하는 이들을 가르치기 위해 편찬한 책이다. 세상을 살아가는 데 올바른 사람이 되기 위해서 배우고 깨우쳐야 할 10가지 덕목을 제시하고 있다. 짧은 분량 안에 학문하는 사람으로서 가져야 할 자세와 더불어 동양학의 기초를 집약해 담고 있다.

이이 李珥, 1536~1584

조선 중기의 유학자이자 정치가. 강원도 강릉 출생. 본관은 덕수德水. 자는 숙헌叔獻, 호는 율곡栗谷·석담石潭·우재愚齋. 아버지는 증좌찬성 이원수이며, 어머니는 현모양처의 사표로 추앙받는 사임당 신씨이다. 현실·원리의 조화와 실공, 실효를 강조하는 철학사상을 제시했으며, 「동호문답」, 「만언봉사」, 「시무육조」 등을 통해 조선 사회의 제도 개혁을 주장했다. 「동호문답」, 「성학집요」 등의 저술을 남겼다.

올바른 공부의
길잡이

지금 생각해도 참 희한하지만 내가 태어나서 처음 익힌 글자는 한글이 아니라 한자였다. 우리 집 건너편에는 극장 간판을 그리는 아저씨가 세들어 살았다. 당시로써는 파격적인 장발에 가죽점퍼를 즐겨 입던 아저씨가 들려주는 아코디언 연주는 기가 막혔다. 영화 포스터뿐만 아니라 가게의 간판도 그렸는데, 본업은 원래 화가였다고 했다. 작가 이상과 화가 구본웅이 자신의 친구라고 말했던 아저씨는 건넛집에 사는 나를 유난히 예뻐했다. 과자도 사주고, 옛날이야기도 해줘서 형들이 모두 학교에 가고 집에 없을 때면 쪼르르 아저씨네 집으로 놀러갔다. 아저씨가 그리던 간판에는 한자가 많이 쓰였는데, 가장 많이 쓰인 글자가 '상회商會'나 '양행洋行'이었다. "아저씨 저건 무슨 글씨예요?" 귀찮기도 했을 텐데 아저씨는 내 질문에 글자를 하나하나 읽으며 친절하게 알려주셨다. 그렇게 해서 가장 먼저 배운 글자가 바로 '개성상회開城商會'라는 간판에 쓰인 상호였다. 아마 내가 네

댓 살쯤이었을 거다.

아버지는 종종 막내인 나를 데리고 다방에 다니셨는데 집에 돌아오는 길에 한자로 된 간판들 가운데 내가 읽을 수 있는 걸 골라 자랑삼아 읽었더니 깜짝 놀라며 다음날부터 천자문을 가르쳐주셨다. 천자문을 배우면서 더불어 한글을 배웠다. 아버지는 출근하면서 신문지 몇 장을 주고 붓으로 어제 배운 한자들을 써서 신문지가 까맣게 되도록 하라고 했다. 나는 몇 글자 쓰다가 지겨우면 그냥 까맣게 되도록 먹물을 신문지에 발랐다. 아버지는 그걸 보고 야단치지는 않고, 어제 가르쳐준 글자를 붓글씨로 써서 보여주었다. 그리고 책을 읽어주거나 같이 라디오 연속극을 들었다.

내가 초등학교에 들어갔을 때 아버지는 한자수업을 멈췄다. 대신 신문에서 모르는 한자가 나오면 가르쳐주셨다. 3학년쯤 되었을 때 아버지께서 큰 병환을 얻었고 집에서 요양하셨는데, 그때 『동몽선습』을 가르쳐주셨다. 나는 그 책이 천자문만큼 재미있게 느껴지지 않았다. 그래도 이럭저럭 한 권을 끝냈다. 책거리로 짜장면을 사주셨던 것 같다. 그다음에 『소학』을 가르쳐주신다고 했는데 아버지의 병세가 악화되어 더 이상 수업할 수 없었다. 그러다가 몇 해 뒤 아버지는 끝내 세상을 떠나셨다.

열다섯 소년에게는 그저 고리타분한 책이었다

중학교에 진학했을 때 국어선생님이 시인이었다. 난 그분의 시를 본

적은 없다. 정식으로 등단했다는데 시집은 없었다. 수업시간에 당신은 모더니즘 시를 쓰는데 자신의 시세계를 세상이 이해하지 못한다고 푸념한 기억이 난다. 그때 우리는 모더니즘 따위는 몰랐을 때니까 선생님이 이상한 분이라고만 쑥덕거렸다. 그 선생님은 가끔 칠판에 한자로 쓰는 경우가 많았다. 다른 친구들은 잘 읽지 못하는 낱말도 있었는데, 나는 거의 읽을 줄 알아서 기특하다며 책을 한 권 선물로 줬다. 그 책이 『격몽요결』이었다.

중학교 2학년 꼬마에게는 따분하기 그지없는 책이었다. 당시 책들은 음독을 따로 달지 않아서 모르는 한자가 나오면 딱 거기서 막혔다. 천자문에 나오는 글자는 다 알고 『소학』까지 배웠으니 자신감이 있었지만 모르는 한자도 제법 있었다. 문제는 읽을 줄은 알지만 해석은 거의 불가능했고 그저 쉬운 문장만 짐작해서 읽었을 뿐이다. 도전 삼아서 한문으로 읽고 해석도 해보려 했지만 막히면 곧바로 뒷장에 이어지는 한글 설명을 읽었다. 뭐 나쁜 이야기는 없으니 읽어볼 만은 했다. 그런데 '장례'와 '제사'를 다루는 장에 들어서면서 도저히 더는 읽고 싶지 않았다. 그걸 내가 왜 배우고 익혀야 하는지 까닭을 모를 뿐 아니라 반감까지 치솟았다. 고리타분한 책을 거기서 덮었다.

그 책에서 읽은 내용 중에 지금도 기억이 나는 건 화려하고 사치스러운 옷을 입지 말고, 음식은 달고 맛있는 것을 먹으려 하면 안 되고 배고픔을 면할 수 있으면 그뿐이라는 것이다. 한참 단 것을 좋아할 나이였는데도 그 내용이 이상하게 끌렸다. 그래서 당시에 무슨 극기훈련하듯 의도적으로 맛없는 것을 먹으면서 그게 수련이라고 여겼다. 지금도 맛집을 찾아다니는 습속에 은근히 반감을 갖는 내 성향은 아마도 그때의 영향 때문인지도 모른다는 생각이 든다. 장례와 제사에 관한 부분 이후로는 다시 읽지 않았지만, 공부하려는 뜻을 먼저 세워야 한다는 것, 자기 몸을 잘 건사하라는 것, 책을 읽는 법에 대한 설명 등은 마음이 끌려 가끔 몇 줄씩 읽었다. 그 가르침대로 따라하면 공부의 성과도 좋아져서 좋은 고등학교 입학시험을 보는 데에 도움이 될 것 같았다. 하지만 한 학년 위 선배들부터 고등학교 입학 시험이 없어지고 추첨으로 고등학교에 갔으니 그 성과의 여부에 대해서는 끝내 확인할 수 없었다. 그게 내가 『격몽요결』을 처음 만난 기억이다.

 내가 『격몽요결』을 다시 읽은 건 율곡 이이가 그 책을 쓴 나이보다 족히 열 살은 더 먹은 뒤의 일이었다. 한 TV 프로그램에서 신년 특집 인문학특강을 방송했는데 말미에 내 책은 차마 소개하지 못하고, 목성균 선생의 『누비처네』(연암서가)를 소개했다. 유명한 TV 프로그램의 힘이 놀라운 게, 초판이 2년 넘게 소진되지 못한 책이 소개된 뒤 갑자기 주문이 폭주했다며 고맙다고 그 출판사 책을 여러 권 보내줬다. 거기에 『격몽요결』이 포함되어 있었다.

 중학교 때 덮어버렸던 그 책에 호기심이 일었다. 아버지가 『동몽선습』을 가르쳐주셨던 일도 떠올라 천천히 책을 펼쳤다. 그저 향수의 발로였다. 별 관심은 없었다. 그런데 놀랍게도 그 책이 새롭게 읽혔다. 아마 내가 자식을 키우는 아비가 되어 책을 바라보는 태도와 입장이 달라졌기 때문일 것이다. 그러나 내용 자체가 그리 녹록하거나 가벼운 것이 아니라고 여겨졌다. 아이들이 이미 장성한 뒤에 이 책을 다시 만난 게 아쉬울 정도였다. 녀석들이 어렸을 때 이 책을 읽어주고 아이들에게 풀어서 가르쳐줬다면 좋았을 텐데 하는 회환이 들었다. 아버지는 내게 『천자문』과 『동몽선습』을 가르쳐주었는데도 왜 나는 '장례'와 '제사'를 핑계로 책을 덮었을까.

율곡 이이는 『격몽요결』의 서문에서 "해주의 은병정사에서 제자들을 가르칠 때, 향방을 정하지 못하여 굳은 뜻이 없는 초학의 제자들에게 뜻을 세우고 몸을 삼가며, 부모를 봉양하고 남을 접대하는 방법을 가르치기 위해서 이 책을 지었다"라고 했다. 덕행과 지식의 함양이 책의 근본취지와 목적인데, 요즘으로 따지자면 초등학교 교재인 셈이다. 그런 점에서 그저 성적과 성공을 위해서 기계처럼 공부를 강요하고 그것 이외의 방법이 없으니 억지로 따라야 하는 요즘의 아이들이 불쌍하고, 어른 노릇을 제대로 못 하고 있다는 것에 부끄러움이 앞선다.

뜻을 세우고 낡은 습성을 버려야 한다는 1~2장의 가르침만이라도 제대로 익히고 따른다면 충분하겠다 싶다. 누구나 본성에 있어서는 성인과 똑같다는 가르침은 그냥 어르기 위해 하는 말이 아니다. 진실로 참된 것을 알고 그것을 실제로 행하여 이전에 물든 것을 모두 버리고 처음의 본성으로 되돌아갈 수만 있다면 잘못된 것은 늘지 않고 모든 훌륭한 것들이 잘 갖추어지게 될 것이니 보통 사람이라 하더라도 스스로 성인이 되겠다고 목표를 세울 수 있다는 것은 이 책 전체를 관통하는 가르침이다. 아, 돌아보면 내 삶은 그랬던가 부끄럽고, 지금이라도 그 가르침을 실천할 수만 있다면 사람 노릇은 하겠구나 싶다. 그게 초심이고 초학의 다짐이거늘 그걸 놓치고 엄한 것들만 추구하고 살았구나 싶다.

낡은 습성을 버리라는 가르침(혁구습革舊習)은 특별히 마음에 걸린다. 나이 들어갈수록 이미 성취한 것들에 쏟아부은 시간과 노력에 대한 집착만 커지는 것 아닌가 싶어 뜨끔하다. 율곡 선생이 가르치는 여덟 개의 조항 가운데 그 마지막 부분, 즉 "즐기는 일과 욕심내는 것에 절도가 없어서 이를 끊어버리거나 절제하지 못해" 엉뚱한 일에 소진하는 일이 얼마나 많았을까. 선생은 '용맹스러운 기운을 크게 떨쳐서 한칼로 그 뿌리를 깨끗이 잘라내듯' 마음과 뜻을 다잡으라 하는데 머리로는 끄덕이면서도 실제 삶에서는 뿌리는커녕 잔가지 하나 제대로 쳐내지 못하며 살고 있다. 이어지는 '아홉 가지 모습'과 '아홉 가지 생각'은 지금이라도 하나하나 차분히 새기고 실천할 가르침이다. 그저 아이들 초학의 가르침이라고 가볍게 여겼는데 지금의 나를 돌아보며 성찰하니 이 나이에도 내가 배우고 익혀야 할 교훈들이다.

올바른 공부는 올바른 실천으로

10개의 장으로 이루어진 이 책은 뜻을 세우고(1장 입지立志), 낡은 습성을 버리며(2장 혁구습革舊習), 자기 몸을 잘 건사해야 하고(3장 지신持身), 책을 읽는 법(4장 독서讀書)을 익히며, 어버이를 섬겨야 하는 법(5장 사친事親)에서 개인의 덕목을 가르친다. 그리고 장례를 치르는 법(6장 상제喪制)과 제사를 지내는 법(7장 제례祭禮), 집안에서 생활하는 법(8장 거가居家), 사람들과 사귀는 법(9장 접인接人), 사회생활을 하는 법(10장 처세處世) 등 후반부는 사회적 삶을 사는 사회적 인간으로서의 덕목을 가르친다.

이 책을 옮긴 김학주 교수는 '올바른 공부의 길잡이'라는 부제로 이 책을 서술한다. "사람이 태어나서 공부하지 않으면 사람 노릇을 할 수 없게 된다"는 율곡의 당부는 단순히 초학의 어린아이들에게만 해당되는 가르침이 결코 아니다. 즉 이 책은 단순히 어린아이들의 삶과 배움에 그치는 게 아니라 그걸 평생 담고 삶으로 실천해야 하는 일생의 과업을 명심해야 한다는 다짐이다.

4장, 책을 읽는 법에서 율곡이 제시하는 독서의 목록과 절차는 단순한 도식이 아니다. 먼저 『소학』을 읽는 것은 부모를 섬기고 형을 공경하고 임금에게 충성하고 어른을 잘 모시고 스승을 존경하며 친구들과 잘 지내는 도리를 담고 있기 때문에 삶의 밑그림으로 가장 적합하다. 그 뒤에 『대학』과 『대학혹문』('혹문'이란 어떤 사람의 물음에 대해 대답하는 형식으로 해설해놓은 것이다. 『대학혹문』은 『대학』을 문답식으로 해설해 정리해 놓은 것이다)을 읽어 이치를 추구하고 마음을 바르게 갖추라고 권한다. 차례로 이어지는 목록은 『논어』와 『중용』, 『맹자』로 구성된다. 특별히 주목할 대목은 그 다음의 목록인데 바로 『시경』이다. 『시경』을 읽어 사람의 본성과 감정이 비뚤어지고 올바르게 되는 것에 대해 깊이 깨달을 수 있다는 것이다. 율곡이 권하는 『시경』

의 의미는 분명 다시 숙고해야 할 가치가 있다. 단순히 '시를 모아 둔' 경전의 가치를 지닌 책이 아니라 시를 통해 시에 담긴 본성에 대한 깊은 성찰을 하라는 그 깊은 뜻이야말로 지금 우리가 특별히 주목해야 할 대목이다. 『시경』을 읽고 난 후 『서경』을 읽음으로써 원리와 법도에 대해 더 큰 서사적 안목을 키우게 한다. 『역경』과 『춘추』에 이르게 되면 비로소 하나의 '앎과 배움의 고리'가 이뤄진다.

학문이란 특별한 것이 아니라 인간이 인간답게 살아가기 위해 일상생활을 마땅하게 해나가는 것이라는 가르침이 바로 『격몽요결』의 요체다. 글을 읽어 이치를 연구하여 마땅히 행해야 할 길을 밝힌 다음에 올바름을 얻고 밟아 실천하는 것이 학문의 초입부터 각인되는 것이야말로 모든 교육의 바탕이다. 그런데 지금 우리는 그 본질에서 벗어나 지식의 축적과 용도에만 집중하고 있을 뿐이다. 그래서 옮긴이도 책 뒤편에 해설을 달면서 "공부의 목표도 오직 올바른 훌륭한 사람이 되는 데 있었다. 현대의 교육은 여러 가지 방향으로 크게 발전하고 있지만 지금도 교육의 목적은 무엇보다도 우선 올바르고 이 세상을 위해 이바지하는 사람을 기르는 데 있음은 더 말할 필요도 없다"고 단호하게 말한다. 그런 의미에서 이 책은 교육을 받는 사람뿐 아니라 가르치는 사람도 다시 여러 차례 읽어볼 가치가 충분한 책이다.

『격몽요결』을 새겨 읽으면서 그 책을 주셨던 중학교 때 국어선생님이 떠오른다. 아마도 당신은 내가 그 책을 딱 반만 읽고 집어던 졌다는 걸 모르셨을 것이다. 그저 가끔 "그 책 읽을 만하디?"라고 물어보셨을 뿐이다. 아버지가 조금 더 오래 사셨더라면 『동몽선습』이후의 여러 책들을 가르쳐주셨을 테고, 그랬다면 아마도 이 책을 보다 더 일찍 그리고 제대로 만났을 텐데 아쉽다. 당신이 참 그립다.

다시 읽은 고전

디트리히 본회퍼

에릭 메탁사스 지음,
김순현 옮김, 포이에마, 2011

디트리히 본회퍼의 삶을 담은 전기. 본회퍼가 남긴 수많은 편지와 일기, 다양한 주변 인물과의 인터뷰를 통해 그의 삶과 신학을 다각도로 조명했다. 신학자, 목사, 선지자이자 유대인을 구하는 정보국 스파이로서 다채로운 삶을 살았던 본회퍼는 히틀러 암살 음모에 가담했다가 1945년에 강제수용소에서 처형당했다. 역사의 소용돌이 안에서 믿는 대로 살기 위해 기꺼이 목숨을 내놓았던 본회퍼의 삶의 궤적을 연대기별로 추적한 작품이다.

디트리히 본회퍼 Dietrich Bonhoeffer, 1906~1945

독일의 목사이자 신학자이다. 독일에서 의사의 아들로 태어났다. 튀빙겐대학, 베를린대학에서 신학을 공부하고 이탈리아에서 수학하였다. 미국 유학 후 베를린으로 돌아와 목사가 되었다. 신은 전지전능하지 않고 나약하며 그 나약함으로 인간을 구제하기 위해 강림했다고 역설하는 그의 신학사상은 당시에는 과격한 것으로 받아들여지기도 했다. 나치가 정권을 잡은 뒤에 반 나치 입장을 취하며, 나치 전복 운동에 가담했다. 1944년 히틀러 암살계획에 동참한 문서가 발각되어 1945년에 강제수용소에서 처형되었다. 1951년 『옥중서간』이 출판되었다.

참된 믿음이란 무엇인가

전 세계 대형교회 가운데 절반 이상이 대한민국에 있다. 그리고 각 교단의 최대 교회가 거의 대부분 대한민국에 있다. 웃어야 할지 울어야 할지 모를 일이다. 그런 교회들이 공통적으로 '세습' 문제 때문에 진통을 앓고 있다. 다행히(?) 여의도순복음교회는 아들들이 목사가 아니어서 세습의 여지가 없지만 다른 문제들로 시끄럽기는 마찬가지다. 교회가 세상을 걱정하는 게 아니라 세상이 교회를 걱정하는 지경에 이르렀으니, 하느님 보기에 어떨지 참 민망한 노릇이다.

한국 교회의 성장에는 여러 동인이 있겠지만, 해방 이후 월남한 신자들의 열정과 산업화 시대의 이농에 따른 대규모 이주 과정에서 보여준 교회의 포용력을 무시할 수 없다. 학교, 고아원, 병원 등을 지으며 사회에서 중요한 역할을 수행한 점도 대중에게 좋은 평가를 받는 요인이었다. 그러나 교회가 빠른 성장을 거치면서 그만큼 폐단도 많이 발생했다. 고도비만에 가까울 정도로 규모를 키운 교회들은 세습을 당연한 것처럼 여기며 목을 빳빳이 세울 뿐, 성장한 만큼 성숙하지 못한 것에 대해 반성적 성찰을 하는 모습은 찾아볼 수 없다. 그러면서 어떻게 기업의 부도덕한 경영권 세습이나 북한 정권의 권력 세습에 대해 비판할 수 있는지 알다가도 모를 일이다. 교회 간 양극화도 일상사가 되었다. 많은 이들이 그런 폐단을 안타까워하며 충고하지만 오불관언일 뿐이다. 게다가 그게 '하느님의 뜻'에 따른 결정이었다며 적반하장적 태도를 보이기도 한다. 도대체 어떤 하느님의 뜻을 받았는지는 모르겠지만.

한국 교회는 신·구교를 막론하고 크게 세 가지 정도로 압축되는 문제를 안고 있다. 첫째, 근본주의와 교조주의에 대한 지나친 집착이다. 근본주의란 본질적이고 절대적인 진리를 강조하는 종교운동으로 성서에 근거해 신앙의 근본적인 측면을 강조한다는 점에서 대부분의 종교가 지닌 특성이라고 할 수 있다. 하지만 그 경직성과 배타성이 시대의 흐름과 변화에 반하고, 권위에만 집착한다는 점에서 우려를 낳기도 한다. 교조주의는 과학적 해명 없이 신앙이나 신조에 입각해 신앙심을 강조하는 입장이다. 이는 무비판적 독단주의에 빠질 위험이 크다. 한국교회는 신앙의 열성이 근본주의나 교조주의의 산물인 것처럼 착각을 한다.

두 번째는 지나치게 성직자 중심이라는 점이다. 신학도 성직자들이 독점한다. 교육을 통해 체제 순응에 익숙해진 신자들은 성직자들에게 따지거나 대들지 못한다. 성서를 읽을 때도 문맥이나 역사적 환경 따위는 무시하고 성직자들이 편의적으로 골라낸 구절을 그저

"아멘" 하고 받아들일 뿐이다. 성직자에 대한 순종을 신에 대한 순종으로 착각한다. 이런 태도가 근본주의와 교조주의와 만나 권위에 순응하고 무비판하는 악순환을 키운다.

세 번째는 여전한 서구 중심적 사고다. 심하게 말하자면 제국주의적 사고이고, 학문적으로 말하자면 지나친 오리엔탈리즘 성향이 보인다. 서구인을 통해 기독교가 유입된 까닭에 어느 정도 그럴 수밖에 없음을 인정하더라도 심각하다. 오죽하면 한국 가톨릭교회는 로마보다 더 로마적이고, 개신교회는 미국의 복음주의 교회보다 더 미국적이라는 이야기가 나올까. 그러니 이들의 신학과 교회는 한쪽은 로마 중심적이고, 다른 한쪽은 미국 의존적이다. 이런 악순환의 고리를 깨뜨리지 않는 한 한국교회는 철옹성처럼 견고하겠지만 끝내 교회를 망하게 하는 걸림돌이 될 것임을 명심해야 한다.

예언자는 없고 제사장만 난무하는 교회

성직자의 역할을 크게 두 가지다. 제사장과 예언자의 역할이다. 한국 교회의 성직자들 가운데 예언자의 역할을 하는 이들은 얼마나 될까. 소수나마 그 역할을 의연히, 묵묵히 수행하는 이들이 있어서 교회에 대한 신뢰가 완전히 사라지지는 않았지만, 권력과 재력을 탐하며 신자의 수 늘리기에만 혈안인 교회가 과연 사회적 정의와 진실에 대해 무슨 말을 어떻게 할 수 있을 것인가. 오히려 권력과 재력의 편에 서서 반복음적인 작태를 거리낌 없이 저지르는 것을 보면 절망감을 감출 수 없다.

한국 교회의 성직자, 신자 가운데 디트리히 본회퍼를 알고 있는 이들은 얼마나 될까. 디트리히 본회퍼는 독일의 목사이자 신학자, 예언자, 순교자인 동시에 나치의 입장에서 보면 '반역자'였던 사람이다. 20세기 기독교 최고의 유산을 꼽으라고 한다면 나는 주저하지 않고 본회퍼를 꼽을 것이다. 내가 그를 처음 알게 된 건 대학 시절이었고, 신학적 관심이 아니라 '운동권적 시각'에서 관심을 가졌다. 그러나 어떤 시각에서 그를 바라보건 간에 그는 위대한 예언자였으며 행동가였다. 신앙과 행위가 일치된 삶을 살았던 본회퍼는 정의와 평화를 위한 그리스도인의 책임을 강조하며 자신이 그대로 실천했던 인물이었다. 이런 인물을 그린 『디트리히 본회퍼』는 고전은 아니다. 다만 책이 담고 있는 인물이 이미 위대한 고전이기에 소개하는 것이다.

디트리히 본회퍼는 1906년 독일에서 의사의 아들로 태어났다. 그의 집안은 비교적 유복한 환경이었으며 루터 교회에서 신앙생활을 해온 전통적인 개신교 가문이었는데, 할아버지는 프로이센 왕실의 궁정 목사였다. 그러나 그의 아버지는 신앙에 무관심했고 본회퍼가 목사가 되려 하자 그의 가족들은 종교는 부르주아에 어울리지 않는다며 반대했다. 그는 "그렇다면 내가 그 종교를 바꾸겠습니다" 하며 뜻을 굽히지 않았고, 결국 가족들도 그의 뜻을 존중할 수밖에 없었다고 한다.

튀빙겐대학과 베를린대학에서 신학을 공부한 본회퍼는 역사신학에 관심을 가지고 스페인과 뉴욕에서 목회 활동을 하기도 했다.

1933년 나치가 정권을 잡자 그는 히틀러와 나치 정권을 반대하고 반유대주의를 비판했다. 그 시기에 독일 교회는 갈수록 민족주의 교회로 변해갔으며, 예언자의 역할을 포기하고 히틀러를 숭배했다. "경제적, 사회적 구원을 위해 하느님께서 히틀러를 보내주었다"라는 말을 공공연히 했을 정도였다. 본회퍼는 라디오방송에서 히틀러 숭배의 위험성을 경고했고, 그 방송은 곧 중단당했다. 그러나 그는 나치의 탄압에 굴복하지 않고, 비판을 멈추지 않았다. 그는 갈수록 민족주의로 치닫는 독일에 항거하고 독일 교회의 실상을 알리기 위해 미국, 영국 등지에서 에큐메니칼(세계 교회 연합 운동) 활동에도 적극 참여했다.

1938년 본회퍼는 히틀러 정권 전복 음모에 가담한 후 미국 망명을 권유받았지만 독일에 남아 저항 운동을 계속했다. 그러다 1943년에 체포되어 수용소를 전전했는데 이때 가족과 친구들에게 전한 편지가 책으로 나오기도 했다. 1944년 7월, 그가 히틀러 암살 음모에 가담한 문서들이 발견되어 1945년 4월에 처형당했다. 그는 죽기 직전 "죽음은 끝이 아니라, 영원한 삶의 시작이다"라는 유언을 남겼다. 그의 묘비에는 "디트리히 본회퍼-그의 형제들 가운데 서 있는 예수 그리스도의 증인"이라고 새겨졌다. 진정한 예언가이자 행동가였던 신앙인의 최후였다.

그의 신학은 "고난을 함께 나누는 삶의 실천"으로 압축된다. 그가 체포될 위험에 처하자 미국의 유니온 신학교 교수 라인홀트 니부어가 신학 교수 자리를 마련하고 초대장을 보냈지만, 그는 독일 국민들과 고난을 함께 하지 않는다면 나중에 전쟁이 끝났을 때 어떻게 독일 교회를 재건하는 일에 동참할 수 있겠느냐며 거부했다. 그는 '죄에 대한 고백이 없는 성만찬, 회개 없이 용서받을 수 있다는 설교, 예식의 의미를 살리지 못하며 예식을 무시한 세례, 회개가 없는 면죄의 확인' 등을 값싼 은혜로 치부(置簿)하는 교회의 치부(恥部)라고 비판했다.

복음의 실천이 없는, 즉 그리스도의 제자로서의 삶이 없는 신앙은 싸구려 신앙에 불과하다는 본회퍼의 비판과 지적은 지금 한국 교회와 그 지도자들에게 그대로 적용되고 있지 않은가. "값싼 은혜는 우리 교회의 치명적인 적이다"라는 그의 말을 두고두고 곱씹어야 한다. 제사장의 권위나 존경을 탐하기보다 거친 들판에 나가 불의와 불공정에 대해 비판하고 들판에 내던져진 약자들을 감싸고 도닥이며 복음의 희망과 용기를 줘야 한다.

싸구려 은혜로부터 스스로를 구원하라

흔히 교회가 사회 문제에 대해 언급하면 정치와 종교의 분리를 운운하며 교회의 중립성을 요구한다. 그러나 우리가 교육자와 성직자에게 높은 도덕성을 요구하는 것은 사회가 타락하고 대다수가 그 타락에 일조한 공범일 때, 성직자야말로 비판의 목소리를 높일 수 있는 최후의 보루이기 때문이다. 교회가 사회나 정치 문제에 무관심한 것은 온당한 일이 아니다. 본회퍼는 단호하게 말한다.

교회는 국가에 극히 중요한 역할을 해야 한다. 교회는 국가에게 이렇게 물어야 한다. '국가의 행위는 적법하게 이루어졌다고 책임 있게 대답할 수 있는가? 국가의 행위는 법과 질서를 낳았는가?'

본회퍼는 국가가 성경이 규정한 대로 법과 질서의 환경을 조성하지 않을 때에는 교회가 국가의 결함을 지적하고, 국가가 법과 질서의 환경을 과도하게 조성할 때에는 교회가 국가의 과도함을 지적해야 한다고 주장했다. 그의 지적을 한국사회에 그대로 적용한다면, 과연 한국 교회들은 거기에 뭐라 대답할 것인가.

본회퍼가 히틀러 암살 계획에 동참한 것은 교회가 국가에 대처하는 방법, 즉 "바퀴에 짓밟힌 희생자들을 싸매어줄 뿐 아니라 바퀴 자체를 저지하는" 행위이기 때문이었다. 그는 국가가 저지른 악행에 희생당한 이들을 돕는 것만으로는 충분하지 않고, 교회가 직접 국가를 구속하여 그러한 범행을 저지르지 못하게 해야 한다고 생각했다. 고(故) 김수환 추기경이 지금도 존경받는 건 군사정권과 유신의 암흑시대에 그 역할을 의연하게 수행했기 때문이다. 지금 우리에게 그와 같은 종교인이 있는가. 세습에만 골몰한 대형교회의 목사들이 그런 의향을 갖고 있는가. 오히려 싸구려 은혜를 팔면서 세력의 확장에만 힘쓰면서 뻔뻔하게 복음을 운운하고 신의 뜻을 팔고, 오히려 예수가 하지 말라는 짓을 예수의 이름으로 저지르고 있지 않은지 스스로 물어야 한다.

본회퍼가 할머니에게 보낸 편지에는 그의 고뇌와 결기가 그대로 드러난다. "지금 기독교는 보시는 바와 같이 너무나 서구화되었고 문명화된 사고의 영향을 너무나 깊이 받은 상태입니다. 그래서 우리는 기독교 본래의 정신을 거의 잃어버렸습니다. 안타깝게도 저는 교회 저항 세력을 그다지 신뢰하지 않습니다. 그들의 일 처리 방식에 마음에 들지 않거든요. 저는 그들이 책임을 지겠다고 할 때가 두렵습니다. 기독교의 끔찍한 타협을 또다시 목격할 수밖에 없을 것 같아서요."

뜨끔하지 않은가. 그는 종교만으로 사악한 히틀러를 물리칠 수 없음을 인식했다. 그래서 칼 바르트가 히틀러를 만나 설득하려고 시도할 때 가망 없다 여기고 더 이상 동의하지 않기로 했다. 독재자들에게 불의를 비판하고 설득하기는커녕 그들을 '위대한 지도자'로 칭송하며 앞다퉈 '조찬기도회'를 개최하고 그것을 주관하는 일에만 열심이었던 교계 지도자들이 여전히 교회를 지배하는 모습을 그가 본다면 과연 뭐라 말할까.

그가 처형당하는 날, 마지막으로 인도한 예배(수용소에서 예배를 요청한 퓐더 박사와 상당수 사람들이 가톨릭 신자였기에 예배를 강요할 마음이 없었던 본회퍼는 사양했지만 코코린이 직접 나서서 예배를 인도해달라고 고집한 까닭에 세상을 떠나기 전 24시간도 안 남은 상황에서 목사의 직무를 수행했다)에서 그가 인용한 성경 구절은 예언서인 이사야서와 바오로 사도의 서간문인 베드로서였다. 그것은 매우 상징적이다. 그는 끝까지 예언자였으며 사도였다. 같은 수용소에 수감되어 그의 유언 전달을 부탁받은 페인 베스트는 본회퍼의 유족에게 편지로 이렇게 말했다. "그는 훌륭한 사람이자 거룩한 사람이었습니다. 그는 내가 이제껏 만난 사람 중에서 가장 훌륭하고 가장 사랑스러운 사람이었습니다." 이런 평가를 받을 수 있는 성직자들이 얼마나 될까. 아니, 얼마나 많은 이들이 디트리히 본회퍼와 그의 삶, 그리고 그의 신학에 대해 알고 있을까.

개혁의 주체가 아니라 개혁의 대상이 되고, 사회의 걱정과 조롱거리가 되는 퇴행과 악업을 멈춰야 한다. 신자들 또한 싸구려 은혜와 천박한 신앙의 틀을 과감히 벗어야 한다. 싸구려 은혜로는 절대로 삶을 바꿀 수 없다. 복음의 본질을 회복해야 한다. 지금 우리가 디트리히 본회퍼의 평전을 읽어야 하는 까닭이다. 읽는 내내 긴장과 감동을 맛볼 것이다. 이 시대를 사는 우리의 발걸음을 살피게 할 것이다. 본회퍼의 날선 말을 우리 교회가 새겨 듣길 바란다.

악을 보고도 침묵하는 것은 그 자체가 악이다. 하느님은 그런 우리를 죄 없다 하지 않으실 것이다.

찾아보기

── 숫자·영문

4·19혁명 70
4차 산업혁명 133
E.H. 카 134
T.S. 엘리엇 82

── ㄱ

〈갈매기의 꿈〉 32
감옥 236~243
갑오개혁 192
값싼 은혜 260
개츠비 80~85
경제민주화 158
고구려 138~140
고도 44~49
〈고도를 기다리며〉 42, 43, 45

고마코 89~91
「고요에 헹구지 않으면」 121
골드문트 61, 65
공감 정신 148
공공건축 219, 220, 223, 224
공자 134, 148, 162, 163
공화정 172~177
과학 저술가 214
광개토대왕릉비 139
광주대단지 사건 25, 26, 28
교조주의 256, 257
교회 62, 161, 162, 165, 255~263
교회개혁 162
군주제 172
권 씨 25~28, 29
「그대 생각」 122
그레고리 팩 40, 96
근본주의 256, 257

글쓰기 199~201, 205, 206
기독교 175, 258, 262
기적의도서관 218, 219
김연수 91
김영하 82
김용준 228
김원용 228
김원일 24
김홍도 228~233

──── ㄴ

나르치스 61, 65
나치 112, 163, 258, 259
나폴레옹 106, 110, 111
난신적자 134, 148
노동시 115~117, 119, 120, 121
『노동의 새벽』 116
〈노인과 바다〉 32
『논어』 251
뉴턴 211
니체 23
닉 캐러웨이 80, 81, 83

──── ㄷ

다중우주론 210
〈대머리 여가수〉 45

『대학』 251
『대학혹문』 251
〈대한매일신보〉 137
〈대합실〉 45
대형교회 255, 261
데이지 80~82
도교 143
도널드 트럼프 96, 97
도스토옙스키 27, 48, 104
〈독서신문〉 42, 226
『돈키호테』 61
『동몽선습』 246, 248, 249, 253
돼지꼬리 아이 54, 55, 57
등나무운동장 220, 221
「등악양루」 125, 126
디마지오 37

──── ㄹ

랑케 134
〈러빙 빈센트〉 180, 188
럭키 46~48
레난타 레메디오스 54
레메디오스 53
『로마인 이야기』 171
『로마제국 쇠망사』 171, 177
로맹 롤랑 104
로베스피에르 106~109
로스트 제너레이션 82

루이 16세 106, 107
뤼순감옥 137, 140
르네상스 161, 163, 164, 166, 168, 175
리옹의 도살자 108

무진 74~76
문순태 24
미시마 유키오 93
미아 패로우 79, 80
민족주의 136, 140
민주공화국 172, 174
민주주의 135, 151, 159, 172, 239

───── ㅁ

마놀린 35
마리 앙투아네트 104, 106
〈마상청앵도〉 231
마술적 리얼리즘 52, 57
마콘도 52~54, 56
『만국의 노동자여』 117
〈말하는 건축가〉 217
망국 134, 196
「망아」 125, 126
「망여산폭포」 125
맹자 151~158
멘델레예프 210, 211
멜키아데스 53
명성황후 192
명예혁명 151, 159
「모가지」 120
〈모비딕〉 40
『목민심서』 158, 181
몰골 화법 231
무라카미 하루키 82
무의식 19
무주 프로젝트 219, 220, 222~224

───── ㅂ

바나나 농장 54
『바른말 바른글』 205
박근혜 158
박노해 116
박범신 24
박영근 116
박완서 24
박은식 134
박정희 135
반에이크 164
반유대주의 259
『백경』 33
백제 138~140
「벤자민 버튼의 시간은 거꾸로 간다」 84
『변경』 28
부동심 154
부르크하르트 161, 163
부조리극 44, 45
불교 143, 187

붕당정치 151
블라디미르 45~49
빅히스토리 211

―― ㅅ

『사기』 134
「사라지려는 한 조선 건축을 위하여」 277
『사람의 아들』 25
사마천 134
산업혁명 16~19
산업화 25, 73, 74, 255
「산중문답」 125
살수대첩 139
삶의 연속성 38
상고사 137~139
상류층 81, 82
「생명연습」 71
「생의 다른 생」 118
「서울, 1964년 겨울」 69, 70, 72
성서 34, 46, 256
성선설 153
성악설 153
성직자 256258, 260, 263
『세 거장』 104
세습 255, 256, 261
『세일즈맨의 죽음』 27, 28
소크라테스 143, 152
『소학』 246, 247, 251

스카웃 98, 99
스펜서 트레이시 33, 39, 40
『시경』 251, 252
시마무라 89~92
시시포스 49, 60
식민사관 136, 228
신라 136, 138
실증주의 137, 139
쓰촨성 128, 129
〈씨름도〉 230

―― ㅇ

『아라비안 나이트』 61
아리스토텔레스 152
〈아마데우스〉 85
아마란타 우르슬라 54
아메리칸 드림 82
아我와 비아非我의 투쟁 134, 135, 138
아우렐리아노 부엔디아 53, 55, 57
『안나 카레니나』 87
안록산의 난 127
안성면사무소 220
〈알라바마 이야기〉 96
암흑시대 161, 162, 166, 169
애티커스 핀치, 핀치 98~101
야나기 무네요시 226~228, 233
「양혜왕 편」 156
『어둠의 심연』 23

언문일치운동 203
에드워드 기번 171, 172, 177, 178
에스트라공 45~49
역성혁명 151, 152, 157, 159
연대측정법 213
예법 147
예언자 257~259, 262
오리엔탈리즘 227, 257
왕도정치 153, 154
우르슬라 이구아란 53, 54
「운수 좋은 날」 27
〈위대한 개츠비〉 79
윌리 28, 30
윌리엄 포크너 51, 56, 57
유교 143, 187, 195
유대교 143
유식병 203
의식 17, 19
이드^{id} 19
이면우 116
이문열 24
이백 124, 125, 127
이병주 24
『이오덕의 글쓰기』 205
이청준 24
인의^{仁義} 153, 154, 156, 157
인종차별 97, 101
인텔리 25
일제 134, 136, 190, 192, 193, 226
일제강점기 135

───── ㅈ

자본 17, 55, 117, 119
자연사박물관 211
자코뱅파 107~109
『재즈 시대의 이야기들』 84
『적과 흑』 106
전국시대 153, 154
전두환 51
전쟁 143, 145, 148, 153, 154
절대 고독 36, 38, 56
정세훈 116
제국주의 55, 56, 178, 228, 257
제사장 257
제임스 조이스 43
제자백가 154
「조선 친구에게 보내는 글」 337
『조선통사』 134
조세희 24
조제프 푸셰 105~112
「졸음」 120
『죄와 벌』 27
주고받는 말 204
주기율표 210
중산층 17, 18, 29, 174
『중용』 251
중세 17, 161~169
지그문트 프로이트, 프로이트 19, 104
지롱드파 107, 108
지식인 25, 26, 190~193, 197, 213, 238,

239
『지와 사랑』 61

── ㅊ

『차라투스트라는 이렇게 말했다』 23
〈창작과비평〉 23
청새치 36~38
초자아 19
최순우 228, 229
최인호 24
「춘야희우」 128~130
『춘추』 134
춘추시대 146

── ㅋ

『카라마조프 가의 형제들』 48
카를 야스퍼스, 야스퍼스 142, 143, 149
카이사르 175
콜링우드 134
쿠데타 70, 73, 109, 110, 112
크레타 섬 62

── ㅌ

테르미도르의 반란 109, 110

데이 호호프 102
통일혁명당 사건 236
트루먼 카포티 96, 101

── ㅍ

페트라르카 161
포조 46~48
프랑스혁명 17, 19, 105~107, 110, 163
플라톤 152

── ㅎ

하인숙 74~76
『하피첩』 183
한 도시 한 책 73
한수산 24
한승원 24
허먼 멜빌 33
「헐려 짓는 광화문」 227
헤르만 헤세, 헤세 61, 65
『헨리 4세』 61
혁구습 250
호세 아르카디아 53
호세 아르카디오 부엔디아 53, 54
황금시대 161
황석영 24
〈황성신문〉 137

황제 127, 173, 175, 176
후진타오 126
『흠흠신서』 181
〈희랍인 조르바〉 59
히틀러 163, 259, 261, 262
힌두교 143

다시 읽은 고전
인문학자 김경집의 고전 새롭게 읽기 2

1판 1쇄 인쇄 2019년 2월 7일
1판 1쇄 발행 2019년 2월 15일

지은이 —— 김경집
펴낸이 —— 한기호
책임편집 —— 이은진
편　집 —— 여문주, 박주희
마케팅 —— 연용호
경영지원 —— 김윤아
디자인 —— 장원석
인　쇄 —— 예림인쇄
펴낸곳 —— (주)학교도서관저널
출판등록 제2009-000231호(2009년 10월 15일)
121-839 서울시 마포구 동교로 12안길 14(서교동) 삼성빌딩 A동 3층
전화 02-322-9677 팩스 02-322-9678
전자우편 slj9677@gmail.com
홈페이지 www.slj.co.kr

ISBN 978-89-6915-054-7 03800

책값은 뒤표지에 있습니다.